Rechtsfälle

zum vergleichenden Studium

des römischen Rechts und des preußischen Landrechts.

Von

Dr. Rudolf Leonhard,
o. ö. Professor des römischen und preußischen Privatrechts in Marburg.

Leipzig,
Verlag von Veit & Comp.
1887.

Druck von Metzger & Wittig in Leipzig.

Vorwort.

In dem Rechtsunterrichte bahnt sich, wie die Vorlesungsverzeichnisse unserer Hochschulen erweisen, seit einigen Jahren mehr und mehr eine Verbesserung an, wie sie schon vor längerer Zeit der Heilkunde einen neuen Aufschwung brachte. Die Sätze Exemplis discimus und Non scholae sed vitae discimus finden immer mehr Anerkennung. Allgemeine Erörterungen sind nur demjenigen verständlich, der das Einzelne kennt, auf welches sie hinweisen. Ohne Studium der Rechtsquellen und ohne Entwickelung der Rechtsbegriffe aus anschaulichen Einzelfällen, deren Verallgemeinerung sie sind, muß die Lehre des Rechtes unverständlich bleiben. Man überließ es lange Zeit hindurch den Studierenden, sich durch selbständige Einsicht der Texte und der Gerichtsentscheidungen die Sätze der Theorie verständlich zu machen. Es bricht sich jedoch immer mehr die Überzeugung Bahn, daß ein Lernender dieser Aufgabe nicht gewachsen ist, ja sogar durch ihre ungeschickte Lösung auf Irrwege gerät, wenn ihn nicht die führende Hand des Lehrers von Mißverständnissen zurückhält. Dieser bedarf jedoch brauchbarer Sammlungen von Rechtsfällen, welche der Wirklichkeit entnommen und an ein bewährtes System angelehnt, den Lehrstoff in gleichmäßigerer Weise berühren, als es später die Erscheinungen der Praxis in ihrer zufälligen Reihenfolge vermögen und Kenntnisse nicht voraussetzen, sondern solche in ähnlicher Art, wie die Präparate des medizinischen Unterrichts, erzeugen sollen. Für viele Rechtszweige liegen bereits mustergültige Sammlungen dieser Art vor, für den Unterricht des preußischen Privatrechtes fehlen sie. Und doch thut keinem Rechtsgebiete dieses Unterrichtsmittel in so hohem Grade not, wie diesem. Der altpreußische Jurist muß in zwei Sätteln gerecht sein. Wie nahe ihm dabei Verwechselungen liegen müssen, ist dem Verfasser von der Zeit seiner Studien und seiner richterlichen Thätigkeit in lebendiger Erinnerung. Es bedarf einer besonderen Schulung der Fähigkeit, sich preußisches und römisches Recht nebeneinander zu vergegenwärtigen und beides nicht bloß in seinem Wortlaute, sondern auch in seiner praktischen Bedeutung zu unterscheiden und gegeneinander abzuwägen. Daraus erwächst dem akademischen Unterrichte die Aufgabe, von dem einzelnen unbedeutenden Falle aus zu den Zielen der Gesetzgebung rechtsvergleichend aufzusteigen und klarzulegen, wie unser Gesetzbuch entstand. Trotz der Irrtümer einer Zeit, welche die römischen Quellen noch nicht richtig verstehen konnte und dem irrigen Glauben an ein ewiges Vernunftrecht huldigte, hat es die Riesenaufgaben, Gedankenkreise zu vereinigen, die aus den verschiedensten Geschichtsperioden in Rom, Byzanz, Deutschland und Italien entsprungen sind, schließlich doch gelöst, angeregt durch einen Herrscher, welcher Jahrhunderte urteilend zu überschauen vermochte, und vollendet mit der deutschen Gründlichkeit des preußischen Beamtentums. Die übergroße Fülle des Stoffes, welche man unserem Landrechte vorwirft, ist sicherlich derjenige Gesetzgebungsfehler, den die Nachwelt am leichtesten wieder gut machen kann.

In diesem Sinne möge das kleine Hilfsbuch dem Studium des preußischen Rechtes und der Würdigung einer der bedeutsamsten Erscheinungen unserer vaterländischen Geschichte dienstlich sein.

Marburg, den 22. März 1887.

Der Verfasser.

Vorbemerkung.

1) Die eingeklammerten Zahlen beziehen sich auf die Paragraphen des ersten Bandes von Dernburg's Lehrbuch des preußischen Privatrechts, an dessen System sich die nachfolgende Sammlung anlehnt, indem sie die besonderen Lehren in die allgemeinen einflicht.

2) Jeder Fall ist, soweit nichts Anderes gegeben ist, unter der doppelten Voraussetzung zu betrachten, daß er sowohl im Bezirke des Landgerichts Halle a./S., als auch in demjenigen des Landgerichts Marburg a./L. eingetreten und ebenda zu entscheiden ist.

---

1. (15.) Der pensionierte Oberst X. zieht aus Österreich hierher und erwirbt hierselbst ein Landhaus mit großem Obstgarten. Den letzteren erklärt der Gärtner Y. für 600 Mark durch schriftlichen Vertrag vom 1. April 1887 ab pachten zu wollen. X. befragt vorsichtigerweise des Abends auf dem Kasino mehrere Honoratioren der Stadt darüber, ob der in Aussicht genommene Vertrag in einfacher Schriftform gültig errichtet werden könne. Sie alle bejahen dies mit dem Bemerken, daß sie ihre Obstgärten alle schriftlich verpachtet und sich zum großen Theile wiederholt auf die einfache Vertragsurkunde mit Erfolg vor Gericht berufen haben. X. schließt den Vertrag ab und weist demgemäß mehrere spätere Pachtungsanerbietungen ab. Nachdem ein Nachtfrost am Pankratiustage (dem 12. Mai) die meisten Obstblüten zerstört hatte, tritt Y. vom Vertrage „wegen ungenügender Geschäftsform" zurück. Es stellt sich heraus, daß sämtliche Obstgärten der Stadt erheblich kleiner als derjenige des Y. sind und keiner für mehr als 450 Mark verpachtet war. Kann X. klagen?

2. (16.) Fürst X., der einer früher reichsunmittelbaren Familie entstammt, klagt gegen die Witwe seines Bruders, die Tochter eines in den Adelsstand erhobenen Diplomaten. Er verlangt, daß ihr das Recht aberkannt werde, den Titel einer Fürstin X. zu führen und sich des Fürstlich X.'schen Wappens zu bedienen. Er behauptet, daß nach X.'schen Hausgesetzen aus den Jahren 1792, 1804 und 1852, welche durch Familienschluß festgesetzt, jedoch landesherrlich nicht bestätigt sind, die Ehe seines Bruders mit einer nicht dem hohen Adel angehörigen Frau ungültig war. Wie ist die Klage zu beurteilen?[1]

3. Einige Gymnasiallehrer beabsichtigten an allerhöchster Stelle ein Gesuch um Erhöhung des ihrem Amte zustehenden Ranges einzureichen. Sie fragen an, ob sie auch dann auf Erfolg würden hoffen können, wenn es nicht gelingen sollte, die Mehrheit der beiden Häuser des Landtags für ihren Wunsch zu gewinnen.

4. (17.) Zwischen den Rektoren einiger Universitäten und den Staatsanwaltschaften ihres Bezirkes entsteht, veranlaßt durch mehrfache Pistolenduelle zwischen akademischen Bürgern, eine Meinungsverschiedenheit darüber, ob die rechtskräftige Verurteilung von Studierenden, welche zwischen der That und dem Urteile exmatrikuliert werden, der Universität anzuzeigen ist.[2] Bedarf

[1] Vgl. Entsch. in Civils. des Reichsgerichtes Bd. 2 Nr. 39.

[2] Vgl. § 14 der allgemeinen Verfügung vom 25. August 1879, betreffend die von den Beamten der Staatsanwaltschaft an anderen Behörden zu machenden Mitteilungen (J. M.=Bl. 1879. Nr. 35. S. 251—257): „Wenn gegen Studierende auf inländischen Universitäten rechtskräftig wegen eines Verbrechens, eines Vergehens oder einer Übertretung eine Strafe festgesetzt worden ist, so ist von dem Strafbefehle, bezw. der Urteilsformel dem Rektor (Prorektor) der Universität Mitteilung zu machen."

es zur endgültigen Erledigung dieses Streites eines Gesetzantrages?

5. (18.) Die verwitwete Frau Regierungsrat X. unterzeichnete am 3. Dezember 1869 auf Bitten ihres Neffen, des Leutnants Y., einen Schein, in welchem sie sich zu seinen Gunsten seinem Darlehnsgläubiger, dem Althändler Z., für 1000 Mark verbürgte. Der Schein wurde durch Vermittelung des Y. erst am 26. Dezember 1869 dem Z. übergeben. Trotzdem zeigte Z. den Y. wegen unerlaubten Schuldenmachens bei seinem Regimentskommandeur an und bewirkte hierdurch, daß dieser mit schlichtem Abschiede entlassen wurde. Hierauf erhebt er Klage gegen Frau X. Was kann diese zu ihrer Verteidigung anführen?

6. (19.) Die Niederrheinische Gummifabrik Elastika klagt wider den Fabrikanten X. wegen Mißbrauchs eines von ihr als Geschäftsmarke verwendeten und als solche eingetragenen Bildes eines Gummirades auf eine Buße von 400 Mark. Der Beklagte stellt — anscheinend, um Zeit zu gewinnen — unter Beweis, daß im Reichstage bei der dritten Lesung des Markenschutzgesetzes eine Ungehörigkeit vorgefallen sei, da ein Teil der anwesenden Mitglieder, welcher gegen das Gesetz gestimmt habe, bei der Abstimmung nicht berücksichtigt worden sei. Wie hat sich der Richter diesem Einwande gegenüber zu verhalten?

7. Der pensionierte General X., der im Dorfe D. ein Landhaus bewohnt, verfiel infolge des Todes seiner einzigen Tochter in eine so schwere Melancholie, daß er in die hiesige Irrenheilanstalt am 11. Oktober 1886 gebracht werden mußte. Im Juni 1887 geheilt entlassen traf er in D. mit einer Cigarre im Munde ein. Es ergeht deshalb gegen ihn eine Strafverfügung von 1 Mark, weil inzwischen in D. eine Polizeiverordnung ergangen

und seit etwa zwei Monaten veröffentlicht worden ist, welche das bisher erlaubte Rauchen auf der Dorfstraße mit einer Geldstrafe belegt. X. hält es für eine Ehrensache, die Strafe von sich abzuwenden und fragt, ob ihm dies gelingen wird.

8. (20.) Studiosus V., welcher seinen Freund X. von einem Kommerse nach Hause begleitet hat, schlägt beim Weggehen die Entreethüre der X.'schen Mietswohnung in so heftiger Weise zu, daß deren Glasscheiben zerspringen. Der Vermieter der Wohnung Y. verlangt deshalb am nächsten Tage von X. einen Schadensersatz von neun Mark, zu dessen Zahlung sich X. erst versteht, nachdem der Mitbewohner seines Zimmers, der Rechtskandidat Z. das Verlangen des Y. als ein rechtlich begründetes bezeichnet hat. Später spricht ein mit dem Studiosus X. befreundeter Rechtsanwalt gegen ihn die Meinung aus, daß Z. sich geirrt habe, und X., der in mehrfacher Weise von seinem Vermieter übervorteilt ist, fragt bei uns an, ob er die neun Mark zurückfordern kann.

9. (21.) Der Amtsrichter X. bietet dem Antiquar Y. die Bibliothek seines verstorbenen Vaters, des Sanitätsrates X., mit Ausnahme der in derselben enthaltenen Gesetzsammlung für 2000 Mark zum Kaufe an. Y. erwidert, er nehme das Anerbieten unter der Bedingung an, daß ihm auch die Gesetzsammlung für den bestimmten Preis mitgeliefert werde. X. entschließt sich hierzu, ohne es dem Y. mitzuteilen, und weist hierauf mehrere ihm für die Bücher von anderen Seiten gemachte vorteilhafte Anerbietungen zurück. Später lehnt Y. die Abnahme der Bücher ohne Weiteres ab und X. klagt wider ihn. Der Verklagte beruft sich auf einen Handelsgebrauch, der wiederholt der Ansicht Ausdruck gegeben hat, daß die Erklärung, auf ein angebotenes Kaufgeschäft nur unter besonderen Bedingungen einzugehen, zu nichts verpflichte. Ist es von Belang, ob X. diesen Gebrauch aus Prozeßverhandlungen kannte? Wie ist der Fall zu entscheiden, wenn Y. nicht Antiquar, sondern Privatgelehrter ist?

10.[1] Der Hausbesitzer X. wird wegen der Kosten der Unterhaltung des Bürgersteiges, soweit dieser vor seinem Hause liegt, in Anspruch genommen. Er wendet ein, daß er, von außerhalb hierher verzogen, auf sein Befragen überall den Bescheid erhalten habe, daß seit undenklicher Zeit die Bürgersteige von der Stadt ausgebessert worden seien. Ebendeshalb habe er, seitdem der Bürgersteig vor seinem Hause in Verfall geraten sei, mehrfach bei der Stadt vergeblich Beschwerde erhoben. Auch würde er den Bürgersteig nicht haben so weit verfallen lassen, wie geschehen, wenn er hätte ahnen können, wie sehr er dadurch sein Vermögen schädigte. Sind diese Umstände von rechtlicher Bedeutung?

11. (22.) Der Rechtskandidat X., der bei brennendem Lichte eingeschlafen war, ist infolge einer hieraus entstandenen Feuersbrunst zu einem Schadensersatze von 30000 Mark in zwei Instanzen verurteilt. Er fragt an, ob er nicht eine Revision unter anderem auch darauf stützen kann, daß in den Gründen des Oberlandesgerichtsurteiles Koch's Kommentar zum preußischen Landrechte citiert ist. Daß ein solches Verfahren mißbräuchlicherWeise oft beobachtet wird, kann nach seiner Meinung dessen Gesetzwidrigkeit nicht aufheben.

12. (23.) Ein in Paris wohnender Geschäftsmann kauft durch Agenten in unserer Gegend überschuldete Bauernhöfe auf und schädigt durch deren unzweckmäßige Zerstückelung den Wohl-

[1] Vgl. Striethorst's Archiv Bd. 97 Nr. 63.

stand des Gerichtsbezirkes. Ein Reichstagskandidat verspricht in einer Wahlrede, in Verbindung mit Gesinnungsgenossen einen Gesetzesantrag einzubringen, welcher dieser Person den Ankauf von Gütern untersagt? Was ist hiervon zu halten?

13. Der aus Australien für einige Monate hier anwesende Viehzüchter X. will die 15jährige Anna Y. heiraten, hält es jedoch für ebenso unpassend, sie vor erfolgter Trauung mit sich zu nehmen, wie sie allein nachfolgen zu lassen. Er kann aus Geschäftsrücksichten den Beginn ihres 16. Lebensjahres nicht hierselbst abwarten und bittet uns um Rat, wie er sich zu verhalten habe.

14. Die Aktiengesellschaft Phöbus hat zur Anlegung einer Zweigbahn in unserem Kreise obrigkeitliche Erlaubnis und Enteignungsbefugnisse erhalten. Der hiervon betroffene Eigentümer des zu der sog. Felsenburg gehörigen Landgutes ist zweifelhaft, ob sich die konzessionierte Strecke bis zu der genannten Burg oder bloß bis zu dem Dorfe Felsenburg erstreckt. Wo ist hierüber Auskunft zu finden?

15. Seit 1760 befindet sich in der Verwaltung des jedesmaligen Rektors der Universität eine Stiftung von jährlich 1200 Mark für adelige Studenten. Dieselbe wird im laufenden Jahre unter die beiden Bewerber stud. v. X. und v. Y. zu gleichen Beträgen verteilt. v. X. beschwert sich darüber, weil der Adel des Y. dessen Großvater vom Kaiser von Österreich in den Befreiungskriegen verliehen, aber niemals im Inlande anerkannt worden sei. Was ist hierauf zu erwidern?

16. (24. 25.)[1] Der Berliner Kommune ist durch Königl. Kabinettsordres von 1844 und 1846 das Privileg erteilt, aus-

[1] Vgl. Entsch. des Reichsoberhandelsgerichtes Bd. 9 Nr. 109 S. 389.

schließlich Privatpersonen und öffentliche Gebäude mit Leuchtgas zu versehen. Ist dies auch auf solche Gebiete zu beziehen, welche, wie Tempelhof, später der Stadt Berlin einverleibt sind? Schließt dies namentlich die Anlage einer besonderen Tempelhofer Gasfabrik für den einverleibten Bezirk aus? Kommt es hierbei darauf an, ob das Privileg unentgeltlich erteilt worden ist? Kann es durch allerhöchste Kabinettsordre beseitigt werden? (Vergl. oben Nr. 3.)

17. (26—28.) Der öffentlich zur Schau gestellte Wilde X. aus dem Inneren Afrikas erhält vom Fürsten Y. zehn Mark geschenkt und borgt sie dem Schaubudenbesitzer Z., welcher sie dem X. nicht wiedergiebt. Der Rechtsanwalt V., bei dem sich, als er die Schaubude besichtigt, X. deshalb beschwert, macht dem Z. Vorhaltungen und droht ihm mit einer Klage. Z. erwidert, X. sei in seiner Heimat Sklave, also bei uns ohne Rechtsfähigkeit, auch erst 20 Jahre alt, folglich handlungsunfähig.

18. Der Vater der in einem außerpreußischen Bordelle geschwängerten Emma X. klagt gegen den hierselbst wohnenden Handlungsreisenden Y. auf Ernährung eines von seiner Tochter am 11. Oktober 1886 geborenen unehelichen Kindes. Er hebt hervor, daß Y. mit ihr am 31. Dezember 1885 den Beischlaf vollzogen hat und daß ihr schlechter Lebenswandel nach dem Rechte des Ortes der That den Anspruch nicht beeinträchtigt. Wie ist zu entscheiden?

19. Der aus Württemberg hierher verzogene Bergwerksbesitzer X. klagt wider seinen mit ihm hierher gezogenen Vetter Y. auf Erfüllung eines in Stuttgart abgeschlossenen Erbschaftsvergleiches. Y. beruft sich darauf, daß der Vertrag in bloßer mündlicher Abrede abgeschlossen ist.

20. Eine verheiratete bosnische Mausefallenhändlerin klagt wider den Gastwirt X. auf Herausgabe ihrer widerrechtlich vorenthaltenen Ware. Der Anwalt des Verklagten tritt einen Beweis darüber an, daß die Ehefrauen in Bosnien nicht prozeßfähig seien. Ist dieser Beweis zu erheben? Kommt es darauf an, ob sie im Inlande einen Wohnsitz hat?

21. Im Oktober 1874 kaufte ein hierselbst studierender, damals vierundzwanzigjähriger Mecklenburger Student X. einen Schmuck für 60 000 Mark und schenkte denselben einer Schauspielerin. Sein Vormund hat von dem Geschäfte keine Kenntnis erhalten. X. ist im Juli 1876 gestorben und von seiner Schwester, der Frau Regierungsrat Y., beerbt worden. Der Schmuck ist noch nicht bezahlt. Konnte der Juwelier im September 1876 wider die Frau Y. oder gegen die Schauspielerin klagen? Kann Frau Y. den Schmuck für sich in Anspruch nehmen?

22. Der in Rostock im Winter 1874—75 studierende dreiundzwanzigjährige Student Y. aus Schwerin pflegte, da sein Vormund ihm nicht genug Geld zu seiner verschwenderischen Lebensweise gewährte, von Zeit zu Zeit nach Berlin hinüberzureisen und sich dort Geld zu borgen. Waren diese Darlehen noch während seiner Minderjährigkeit klagbar? oder wurden sie es durch seine Großjährigkeit?

23. Der vagabondierende Taschenspieler Filuzzi, unbekannter Herkunft, hat hierselbst im goldenen Löwen auf drei Monate einen Gasthaussaal für 200 Mark gemietet, um täglich darin Vorstellungen zu geben. Schon am nächsten Tage war er jedoch verschwunden, anscheinend um einer Verhaftung wegen schwerer Körperverletzung zu entgehen, und hatte seine Garderobe im goldenen Löwen zurückgelassen. Bald darauf trifft die Nachricht ein, daß F. zur Zeit in Nürnberg wegen Widerstandes gegen die Staatsgewalt im Gefängnisse sitzt. Der Löwenwirt klagt hier auf den verabredeten Mietszins. Der Anwalt des Verklagten beruft sich auf die fehlende Schriftform des Mietsvertrages. Wie würde zu entscheiden sein, wenn F. nicht in Nürnberg, sondern in Breslau eingesperrt wäre?

24. Y., Handlungsreisender aus Köln, verkauft ein Kistchen mit zweihundert Flaschen kölnischen Wassers, welches sich zur Zeit auf der Bahn zwischen Köln und hier befindet, an den Kaufmann X. nach Probe und veranlaßt ihn, den Preis sofort durch Postanweisung an seinen Prinzipal abzusenden. Nach der Ankunft der Kiste verpfändet er sie an den gutgläubigen Gastwirt Z. auf dessen Anspruch von 22 Mark 50 Pfg. für Wohnung und Beköstigung und reist ab. Muß Z. die Kiste ohne Entschädigung herausgeben? Auch wenn der Käufer ein anderer Handlungsreisender aus Köln wäre?

25. Können Eisenbahnwagen, welche zwischen München und Berlin hin- und hergehen, am ersteren Orte durch bloßen Vertrag verpfändet werden?

26. Der in Frankfurt a. M. ohne Testament verstorbene Bankier X. hinterläßt als einzige Verwandten seinen Vater und einen vollbürtigen Bruder. Muß der Vater ein bei Magdeburg gelegenes Rittergut des X. mit dem Bruder teilen?

27. En inländischer Beamter heiratet eine Inländerin auf einer Ferienreise in Schottland durch formlosen Vertrag. Ist dieser Eheschluß gültig?

28. Der Käufer einer Weinsendung, welcher in Frankfurt a. M. wohnt, verspricht den Kaufpreis am 1. Juli hierherzuschicken. Bedarf es einer besonderen Mahnung zur Wahrung des Anspruches auf Verzugszinsen? Kommt es darauf an, ob er sich am 1. Juli zufälligerweise in Berlin befindet?

29. X. hat sich in Göttingen vor vier Jahren durch das Einwerfen städtischer Gaslaternen haftbar gemacht. Erwirbt er durch Übersiedelung nach Halle die Einrede der Verjährung?

30. Die vierjährige Anna X., eine reiche Erbin aus Frankfurt a. M., hat in einem unbeaufsichtigten Augenblicke im Laden des Buchhändlers Z. ein Licht umgeworfen und einen Brandschaden von einigen tausend Mark verursacht. Ihre Aufseherin ist zahlungsunfähig und ihr Vormund verweigert die Bezahlung des entstandenen Schadens. Bald darauf wird die Frage aufgeworfen, ob die X. nach Augsburg oder nach Erfurt in Pension gegeben werden solle. Ein Verwandter des Vormundes, der Dr. jur. Y., behauptet, daß bei einer Übersiedelung nach Erfurt der Buchhändler Z. ein Klagerecht erwerben werde. Hat diese Behauptung irgend einen Sinn?

31. Ein Vormund der in Koblenz von dem Bäckermeister X. geschwängerten minderjährigen Y. verlangt von ihr während der Schwangerschaft, daß sie sich in die hiesige Entbindungsanstalt begeben soll, um dadurch dem Kinde Alimentationsansprüche zu erwerben. Ist dies Ansinnen berechtigt?

32. (29.) Muß ein Gesandter einer auswärtigen Macht, welcher sich in Berlin verheiraten will, sich an ein dortiges Standesamt wenden?

33. In der französischen Gesandtschaft werden silberne Löffel, auf welchen das Wappen Frankreichs eingraviert ist, gestohlen und von der Polizei zum Teile bei einem Rückkaufshändler vorgefunden, der sie zum anderen Teile eingeschmolzen und in diesem Zustande an den Goldarbeiter X. veräußert hat. Kann gegen X. Klage erhoben werden?

34. (30. 31.) Der Gutspächter X., ein Einwohner des hannoverschen Amtes Hadeln schließt, im Juli 1870 hierselbst den gerichtlichen Kauf eines Landgutes ohne Mitwirkung oder Zustimmung eines Vormundes ab. Er war am 4. Januar 1850 geboren. Ist der Vertrag gültig?

35. Der Kaufmann X. hatte die auf seinem Speicher lagernde Wolle für 3000 Thaler = 9000 Mark am Ostermontage des Jahres 1861 verkauft. Konnte er im Oktober desselben Jahres aus diesem Geschäfte Klage erheben? Durfte der Käufer einwenden, daß er inzwischen seine Kapitalien anderweitig angelegt hatte?

36. (34.) Baron X. hat auf seinem Rittergute B. ein Museum für Gipsabgüsse errichtet, das an der Landstraße gelegen ist und von den Angehörigen seiner Provinz viel besucht wird. Bei seinem Tode vermacht er dies Gut seinem Vetter, dem Grafen Y., mit der Bestimmung, daß, wenn Y. das Museum an der bisherigen Stelle noch 20 Jahre in gutem Stande erhalten werde, er ein besonders Vermächtnis von 10 000 Mark erhalten solle. Bald nach dem Tode des X. wird durch einen Eisenbahnbau der Grund und Boden des Museums enteignet. Kann Graf Y. im Enteignungsverfahren auch die erwähnten 10 000 Mark ersetzt verlangen? Ihm wird außerdem auch ein Stück Land genommen, auf dem die Ziegel seiner dicht am Bergabhange gelegenen Ziegelei bisher abgelagert wurden, wodurch ihm der fernere Ziegeleibetrieb unmöglich wird. Kann er auch diesen Schaden in Rechnung stellen?

37. Einem Hauseigentümer wird die Erlaubnis zum Umbau seines Hauses in Berlin vom Polizeipräsidium verweigert, weil nach dem neuen Bebauungsplane seine Straße erweitert werden soll. Gegen wen kann er auf Entschädigung klagen und worauf?

38. (35.) Für die durch unsere Stadt führende Eisenbahn wurde ein Grundstück neben dem Bahnhofe enteignet, damit dorthin auf einem besonderen Schienenstrange Wagen beiseite geschoben werden konnten. Als es in Gebrauch genommen wurde, brach ein Waggon durch, weil einige Fuß unter der Erdoberfläche sich ein unbekannter gewölbter Kellerraum befand. Der Lokomotivführer X. wurde herbei getötet und die Eisenbahngesellschaft verpflichtet, seine Familie zu unterhalten. Kann sie deshalb gegen den früheren Grundstückseigentümer klagen? Kann sie vielleicht wenigstens den Erwerb des Grundstückes rückgängig machen?

39. (36.) Der für tot erklärte Schiffskapitän X. kehrt drei Jahre nach seiner Todeserklärung zurück und entdeckt, daß sein einziger Sohn und Erbe einige kostbare Statuen an befreundete Personen verschenkt und zwei Häuser zu einem Schleuderpreise an Wucherer verkauft hat. Wie kann er sich helfen?

40. (36.) Der berühmte Nordpolfahrer X., der sowohl von seiner Vaterstadt Frankfurt a/O. als auch von seinem langjährigen Wohnorte Frankfurt a/M. zum Ehrenbürger ernannt worden war, vermachte 100 000 Mark „der Stadt Frankfurt" ohne weiteren Zusatz. Ist das Vermächtnis gültig?

41. (37.) Der Bauer X. verkauft am 2. Juni die Früchte seines Weizenfeldes auf dem Halme an den Getreidehändler A. für 1000 Mark. B., der bei diesem Vertragsschlusse zugegen

gewesen war, bietet dem A. bei der Ernte 1200 Mark für denselben Weizen und fährt diesen mit der Erlaubnis des X. in seine Scheune. Kann A. gegen B. klagen? Ist es von Belang, ob B. bereits den Kaufpreis erlegt hatte?

42. (38.) Der Eigentümer des sogen. Wiesenhofes behauptet, daß mit seiner Besitzung seit unvordenklicher Zeit ein Anrecht auf den rechten Eckplatz der zweiten Bank in der Dorfkirche verbunden ist. Kann er deshalb klagen?

43. (39.) Der Rittergutsbesitzer und Oberst a. D. X. passiert seit vielen Jahren eine in dem Dorfe A. belegene Brücke, auf der die Gemeinde einen Brückenzoll erheben darf,[1] ohne daß ihm jemals ein solcher abverlangt wurde, was vielleicht mit dem Umstande im Zusammenhange stand, daß der Erheber des Brückenzolles ein früherer Offiziersbursche des X. war. Nunmehr ist dies Amt in andere Hände übergegangen und der neue Brückenzollerheber pfändet, als X. den Zoll zu zahlen verweigert, einen bei diesem befindlichen Jagdhund. Kann X. klagen und aus welchem Rechtsgrunde?

44. (40.) Der Hausbesitzer X. lebt seit Jahren in Rom und läßt sein hierselbst belegenes Haus durch den Vizewirt Y. verwalten. Sein einziger Verwandter, sein Großneffe Z., erfährt, daß X. in eine päpstlich approbierte Kongregation eingetreten ist. Er verlangt, daß Y. ihm das Haus einräume. Ist er hierzu berechtigt?

45. (41.) Von einem Eisenbahnzuge erschreckt gingen die Pferde des Rittmeisters X., welcher sie an der Seite seiner Gattin

[1] Vgl. Entsch. des Obertribunales Bd. 48 S. 2.

selbst lenkte, durch, so daß X. aus dem Wagen mit seinem Kopfe an einen Prellstein geschleudert wurde und sofort starb. Seine Frau, welche etwa im sechsten Monate guter Hoffnung war, kam bald darauf in einer benachbarten Hütte nieder und starb kurz nach der Geburt des Kindes. Die Bauersfrau Y., welche als Hebamme thätig gewesen war, behauptet einige Sekunden lang den Herzschlag des Kindes gehört zu haben, welches außerdem kein Lebenszeichen von sich gegeben hat. Der einzige Bruder des Rittmeisters streitet mit dem einzigen Bruder der Frau desselben um die Erbschaft der Verunglückten, von der diejenige des Mannes einen Wert von etwa 500 000 Mark, diejenige der Frau einen solchen von etwa 200 000 Mark besaß. Anderweitige Verwandte sind nicht vorhanden. Kommt es darauf an, ob das Kind mit völlig unentwickeltem Kopfe geboren war; ferner darauf, ob die Geburt von der Frau Y. bei dem nächsten Standesamte angemeldet worden ist?

46. Eine im Gasthofe zum Lamm eingetroffene Unbekannte gebiert daselbst ein Kind und stirbt bald darauf im Wochenfieber. Sie hinterläßt einen Koffer mit wertvollen Schmucksachen, jedoch keine Spur ihres Namens und Wohnortes. Die Hebamme fragt, ob sie sich wegen ihres Honorares an den Koffer halten kann und gegen wen sie klagen muß?

47. Der Gutsbesitzer X. ist zur Hochzeit der Tochter seiner früheren Haushälterin mit dem Viktualienhändler Y. eingeladen und erklärt bei Tisch dem Y., daß er dem erstgeborenen Kinde der jungen Eheleute bei seiner Konfirmation ebensoviel schenken wolle, wie er einst dessen Mutter bei der gleichen Gelegenheit zugewendet habe. Ist dieses Versprechen klagbar? Kommt es auf die Größe seines Gegenstandes an?

48. Bei einem Eisenbahnunglücke werden sowohl der Oberlehrer X., wie sein einziger 22jähriger Sohn, aus den Trümmern eines Waggons als Leichen hervorgezogen. X. hinterläßt nur einen Bruder, den Hauptmann X., und eine Schwester seiner vorverstorbenen Frau. Wem gebührt seine Erbschaft?

49. (42.) Am Morgen des 1. Septembers 1870, ihres siebzigsten Geburtstages, wurde die verwitwete Frau Oberförster X. etwa um 10 Uhr morgens im Bette tot vorgefunden, nachdem sie sich am Abend vorher etwa um 9 Uhr abends zur Ruhe begeben hatte. Der Augenblick ihres Todes konnte nicht näher festgestellt werden. Sie hatte drei Söhne, welche sämtlich in Frankreich standen, und von denen der eine am Abend des 31. August bei einem Vorpostengefechte vor Metz und der andere am 1. September 1870 früh 9 Uhr in der Schlacht von Sedan fiel. Der dritte Sohn ist aus zweiter Ehe. Der zweite hat testamentarisch seine Frau und seine Mutter zu Erben eingesetzt. A. und B. hatten von ihrem Vater ein bedeutendes Vermögen geerbt. Wem fällt dieses jetzt zu?

50. (43. 44.) Der Kaufmann X. verwaltet in seinem Geschäfte ein Kapital von 10 000 Mark, welches seinem Bruder, dem Steuermann X., gehört. Er stirbt und wird von seiner Frau beerbt, die das Geschäft fortführt. Da diese seit etwa 11 Jahren weder von ihrem Schwager noch von dem Schiffe, auf dem sich dieser befand, etwas gehört hat, so will sie einen Antrag auf Todeserklärung stellen. Ist sie hierzu befugt?

51. Der bei einer wissenschaftlichen Reise nach Arabien im Jahre 1830 verschollene Professor X. wird 1850 für tot erklärt und von dem Sohne eines Vetters beerbt, der in seiner Villa eine Schankwirtschaft errichtet. Erst 1881 kehrt er in hohem Alter zurück, da er bis dahin von einem wilden Stamme gefangen gehalten worden war. Kann er sein Gut beanspruchen?

52. (45.) Kann der in Wien lebende Schriftsteller X. bei uns klagen, wenn seine Gedichte hierselbst widerrechtlich nachgedruckt werden?

53. (46.) Der Rittergutsbesitzer X. tritt von der protestantischen Kirche zur freireligiösen Gemeinde über. Der Pastor Y. erklärt ihm hierauf, daß das bisher für ihn als Kirchenpatron geleistete Kirchengebet in Zukunft in Wegfall kommen werde. Ist Y. hierzu berechtigt?

54. (47.) Während X. eine Zuchthausstrafe wegen Meineides abbüßt, befindet sich sein 10jähriger Sohn im Hause seiner mütterlichen Großeltern, welche dem X. auch nach verbüßter Strafe die Herausgabe desselben verweigern. Kann X. klagen?

55. Kann ein richterlicher Beamter seinen Sohn enterben, wenn dieser als Klavierspieler in einem Café chantant seinen Unterhalt verdient?

56. (50.) Der Fiskus klagt auf Auszahlung einer Summe von jährlich 600 Mark zur Ausstattung zweier heiratsfähiger Mädchen aus dem Gutsbezirke X.[1] Er gründet sich auf eine gerichtliche Stiftungsurkunde des Grafen Y., des Erblassers und Voreigentümers des Verklagten, in welcher die Pflicht zu derartigen Leistungen dauernd übernommen wurde und auf die hypothekarische Eintragung dieser Schuld in das Grundbuch des genannten Gutes. Der Verklagte bestreitet die Befugnis des Fiskus zu dieser Klage.

---

[1] Vgl. Entsch. des Obertribunals Bd. 23 Nr. 37 S. 347.

57. Kann ein Kloster durch allerhöchste Kabinettsordre mit juristischer Persönlichkeit ausgestattet werden?

58. (51.) Der Gymnasialdirektor X. bestellt bei dem Tischlermeister Y. 16 Schulbänke für eine neu eingerichtete Schulklasse. Als die Bänke geliefert werden, weist er sie als zu eng und deshalb vertragswidrig zurück. Der Tischler will nunmehr auf Abnahme und Bezahlung klagen, weil er den Vertrag erfüllt zu haben glaubt. Gegen wen ist die Klage zu richten?

59. Für den Gottesdienst der Pfarrkirche zu X. sind dreißig Kerzen zum Gottesdienste geliefert und vom Küster bezahlt worden. Dieselben brennen so schlecht, daß sie gegen Rückforderung des Kaufpreises zurückgegeben werden sollen. Der Verkäufer der Kerzen geht hierauf nicht ein. In wessen Namen ist Klage zu erheben?

60. (52.) Bei der Verkoppelung eine Gemeindebezirkes bricht darüber ein Streit aus, ob die am Gemeindewalde gelegene Waldwiese der Gemeinde oder den drei Bauern X., Y., Z. gehöre. Die Mehrheit der Bauern, welche die erstere Ansicht vertritt, beruft sich auf einen Gemeindebeschluß vom 3. Dezember 1857, in welchem mit einer Mehrheit von $^3/_4$ der Gemeindeglieder beschlossen wurde, daß jene Wiese als Gemeindeland zu betrachten sei und von jetzt ab der gemeinsamen Nutzung der Gemeindeglieder unterworfen werden soll. Die drei Bauern, welche sie für sich beanspruchen, erwidern, daß sie zu dem erwähnten Beschlusse nicht geladen worden sind und daß in der Ladung zur Gemeindeversammlung der Gegenstand des Beschlusses nicht vorher angekündigt war. Von anderer Seite wird erwidert, daß thatsächlich in jener Versammlung alle Gemeindemitglieder, auch X., Y., Z. zugegen waren. Wer kann gegen diese drei Klage erheben? Kann die Klage auf den erwähnten Beschluß gestützt werden?

61. Die Gesellschaft für dilettantische Theateraufführungen Thalia schließt durch Mehrheitsbeschluß den Barbier X. von der Mitgliedschaft aus, weil er bei der Aufführung des Trauerspieles Othello in der Titelrolle schauspielerische Mängel an den Tag gelegt hatte, welche das Ansehen der Gesellschaft zu schädigen geeignet waren. X. klagt deshalb auf „Zurücknahme des Beschlusses", weil er zu dessen Abfassung nicht mit vorgeladen worden sei, auch durch denselben ungerechterweise in seinem Gewerbe geschädigt werde. Ist eine solche Klage möglich?[1]

62. (53.) Der Gutsbesitzer X. befindet sich wegen Grenzstreitigkeiten mit fast sämtlichen Einwohnern des Dorfes Y. auf gespanntem Fuße, so daß sein Wunsch, die Gemeindejagd zu pachten, wiederholten Schiffbruch litt. Eines Tages wird einer seiner wenigen Freunde in Y. zum Gemeindevorsteher gewählt. Er fragt bei uns an, ob seinem Wunsche dadurch nunmehr die Erfüllung gesichert ist?[2]

63. (54.) Der Bierwirt X. will gegen eine Studentenverbindung wegen des noch nicht bezahlten Bieres, das er zum Abschiedskommerse des vorigen Halbjahres geliefert hatte, klagen. Die bisherigen Chargierten der Verbindung sind nicht wiedergekommen, eine neue Chargenwahl ist noch nicht erfolgt. Ist die Klage möglich? Auch dann, wenn die Verbindung vom akademischen Senate aufgehoben wird?[3]

64. Zu der hiesigen Museumsgesellschaft gehört auch der Buchhändler X. Derselbe bezieht von außerhalb für die Museumsbibliothek die vom Vorstande der Gesellschaft bestellten

---

[1] Vgl. Entsch. des Obertribunales Bd. 7 Nr. 15 S. 126.
[2] Vgl. Entsch. des Obertribunales Bd. 68 Nr. 10 S. 95.
[3] Vgl. Striethorst's Archiv Bd. 7 S. 102 Nr. 18.

Bücher. Eines Tages geriet ein großer Ballen von Büchern, welche in solcher Weise bestellt und soeben angekommen war, dadurch in Brand, daß ein Dienstmädchen des X. bei dem Einheizen des eisernen Ofens, welcher sich im Buchladen befand, feurige Kohlen umhergeschleudert hatte. Der Brand wurde erst gelöscht, nachdem der Inhalt des Ballens bereits zerstört war. Der im Laden anwesende Rechtskandidat Y. suchte den X. dadurch zu trösten, daß er ausführte, der Ballen sei durch seine Ankunft bereits der Museumsgesellschaft geliefert worden und müsse deshalb von ihr bezahlt werden. Ist dies richtig?

65. Der Eisenbahnwärter X. besitzt ein kleines Kohlfeld, welches einige hundert Schritte von seinem Häuschen entfernt ist. Er bemerkt, daß einige Landstreicher damit beschäftigt sind, ihm Kohlköpfe zu stehlen. Da sein Zurufen sie nicht zurückschreckt, so verscheucht er sie mit Hilfe seines Hundes, überhört aber infolgedessen ein Signal, so daß trotz eines heranbrausenden Schnellzuges die an seinem Hause befindliche Barrière nicht verschlossen wird. Der Zug zermalmt infolgedessen das Pferd eines Omnibus, der gerade den Bahndamm passierte. Kann der Eigentümer des Pferdes, da X. zahlungsunfähig, auch sein Kohlfeld durch eine Hypothek überschuldet ist, gegen den Fiskus klagen?

66. Bei dem Begräbnisse des Agitators X. entsteht ein Auflauf, welcher die Polizei veranlaßt, mit der blanken Waffe vorzugehen. Der Barbier Y, welchem hierbei ein Ohr abgeschlagen wurde, will wegen der Kurkosten und wegen Schmerzensgeldes gegen den Fiskus klagen.

67. (54.) Die Gemeinde X. hat bei einer hierselbst befindlichen Kreditkasse ein Darlehn von 1000 Mark aufgenommen und es durch den Gemeindediener Y. abholen lassen. Dieser wird auf dem Heimwege beraubt und erschlagen, ohne daß es gelingt, der Thäter habhaft zu werden. Ist die Gemeinde zur Rückzahlung des Darlehns verpflichtet?

68. (55.) Die hiesige Stadt will ihrem scheidenden Oberbürgermeister einen Bauplatz schenken. In welcher Weise ist dieses Rechtsgeschäft vorzunehmen?

69. Der hierselbst wohnende Pfarrer X. leidet an Schwindsucht und befindet sich durch die Mildthätigkeit eines reichen Verwandten in Davos zur Kur. Da er außer einigen wertvollen theologischen Werken wenig Vermögen besitzt, so setzt er das Kloster von St. Gallen zum Erben ein und vermacht einige weltliche Bücher seiner Schwester, der Krankenpflegerin X. Im Juli verfällt er in ein Nervenfieber und es ist zweifelhaft, ob er seine Besinnung wiedererlangen wird. Während er sich in diesem Zustande befindet, trifft ein Telegramm ein, nach welchem ein im hiesigen Gerichtsbezirke wohnhafter Gutsbesitzer, der am 2. August gestorben ist, ihn zum Alleinerben seines bedeutenden Vermögens eingesetzt hat aus Dankbarkeit für religiöse Ermahnungen, durch welche X. vor einigen Jahren den Testator vom Selbstmorde zurückgehalten hatte. Der Abt von St. Gallen fragt bei uns an, ob die Erbschaft für das Kloster verloren ist, wenn X. vor Wiedererlangung des Bewußtseins stirbt.

70. (56.) Seit 1780 besteht hierselbst eine Stiftung für Postillonswitwen. Durch Anlegung von Sekundärbahnen tritt die Zahl der Teilnahmeberechtigten in ein Mißverhältnis zu der Stiftungssumme. Kann die letztere auch den Witwen anderer Postbeamten, als der Postillone zugänglich gemacht werden?

71. (57.) Der verstorbene Professor X. hat seine Sammlung ausgestopfter Vögel der Universität vermacht. Die Witwe verweigert die Herausgabe. Kann diese im Verwaltungswege erzwungen werden?

72. Das Reichspostamt veräußert ein entbehrlich gewordenes Stück Land an den Bauer X. und läßt es ihm auf. Der Fiskus ficht dieses Geschäft an, weil das Stück Land nicht zum Ressort der Postverwaltung, sondern zum Gebiete der neben dem Postamte belegenen Königlichen Strafanstalt gehört habe. X. wendet ein, das Grundstück sei seit 15 Jahren von der Post auf Grund einer Verfügung der Strafanstaltsdirektion zur Aufstellung von Wagen benützt und folgeweise ersessen worden. Würde der Fall ebenso zu beurteilen sein, wenn nicht die Post-, sondern die Steuerverwaltung das Grundstück veräußert hätte?

73. Die Königliche Seehandlung lieferte dem Armeelieferanten X. für 30 000 Mark Wertpapiere und klagt auf Zahlung des Preises. X. will mit einer Forderung von 1000 Mark für gelieferte Waffenröcke kompensieren. Die Lieferung sei vor 3 Wochen auf Bestellung des Generalkommandos des Armeekorps an ein hiesiges Bataillon geschehen. Zugleich verlangt er zum Zwecke der Kompensation 5 % Verzugszinsen vom Tage der Lieferung ab, da er die Behörde, bei welcher die Uniformen abgeliefert wurden, vergeblich um Bezahlung ersucht habe. Ist die Kompensation zulässig?

74. Im hiesigen Postamte sind zwei Ballen unbeschriebenen Papieres gestohlen worden. Die Polizei ermittelt sie bei dem Trödler X. Wer kann deshalb klagen? Worauf kann geklagt werden? Wie ist die Klage zu begründen?

75. Der Gutsbesitzer X. hat dem Marineministerium 1000 Baumstämme zur Verwendung beim Schiffsbau geliefert und zwar 250 auf die Werft von Kiel und den Rest nach Danzig. Trotz wiederholter Mahnung ist die Bezahlung ausgeblieben. Er fragt, ob er von dem Kaufpreise Verzugszinsen verlangen kann.

76. (59.) Das hiesige Offiziers-Kasino entdeckt in einigen von dem Weinhändler X. entnommenen Flaschen kahmhaltigen Rotwein. Der Rest der Lieferung soll zurückgegeben, und da X. Widerspruch erhebt, Klage angestellt werden. Ein Offizier fragt uns, ob auch seine inzwischen nach außerhalb versetzten Kameraden hierzu zugezogen werden müssen.

77. (60.) Y., der bisherige Prokurist des Kaufmanns X., übernimmt dessen Geschäft mit allen seinen Schulden und Lasten und zeigt dies durch Inserat in einem hiesigen Wochenblatte an. Der wegen Widersetzlichkeit von X. vor einem halben Jahre entlassene Handlungsgehilfe Z. hat noch einen Lohnrückstand von 200 Mark zu fordern. Er befragt uns, ob er sich deshalb an X. oder an Y. halten soll.

78. (62.) X. verkaufte in seiner Villa diese letztere an Y. Während des Vertragsabschlusses sah Y., daß unten im Hofe des Landhauses Tischlergesellen damit beschäftigt waren, Bretter für einen Hühnerstall zuzuschneiden und diese in die Grenzmauer einzupassen. Bei der späteren Übergabe des Grundstückes finden sich weder die Bretter noch der Hühnerstall vor. Muß X. beides nachliefern?

79. Der Gastwirt X. tritt vor dem hiesigen Landratsamte für 200 Mark seinem bisherigen Oberkellner Y. die Schankkonzession ab, welche er, X., bisher in dem von der Stadt ge-

mieteten Biergarten zur goldenen Traube ausgeübt hatte. Y. wird konzessioniert und beansprucht von X. die Überlassung des Wirtschaftsinventares, bestehend in Stühlen, Bänken, Küchengeräten, Lampen und zwei Billards mit Zubehör. Ist dies Ansinnen ein berechtigtes?

80. X. besitzt eine von seinem Vater ererbte Dorfschenke und einen benachbarten, von seiner Großmutter ererbten Bauernhof. Den letzteren mit Zubehör verkauft er an Y., der bei dem Vertragsabschlusse eine Dreschmaschine auf dem Hofe des veräußerten Gutes stehen sieht. Diese Maschine befand sich daselbst noch bei der Auflassung des Gutes, nicht aber bei der Übergabe desselben. X. weist auf Befragen nach, daß die Maschine ausschließlich für die zur Dorfschenke gehörigen Ländereien verwendet worden war und nur zum Zwecke einer Ausbesserung vorübergehend auf dem verkauften Nachbargrundstücke stand. Dieselbe ist inzwischen dem Altsitzer Z. verkauft und übergeben worden. Kann Y. gegen X. oder Z. klagen?[1]

81. X. verkauft vom 1. Januar des nächsten Jahres ab sein Grundstück mit Garten an Y. Darf er die Obsternte dieses Jahres für sich einheimsen, verkaufen und den Preis für sich behalten?

82. Der Major X. hatte in einer Mietswohnung in seinem Schlafzimmer eine tapezierte Holzwand gezogen und in die Wand des Eßzimmers einen kostbaren geschnitzten Buffetschrank eingelassen. Hierauf veräußert der Vermieter das Haus an Y., welcher den Mietsvertrag mit X. noch ein Jahr lang fortsetzt und ihn dann kündigt. Bei dem Auszuge nimmt der Major

[1] Vgl. Entscheidungen des Reichsoberhandelsgerichtes Bd. 10 Nr. 32 S. 157. — Striethorst's Archiv Bd. 61 Nr. 58 S. 336.

Holzwand und Buffet mit sich. Y. fragt uns, ob er dies nicht verhindern oder doch gegen seinen Vorbesitzer deshalb klagen kann.

83. Der Gutsbesitzer X. veräußert seine Fabrik an eine Aktiengesellschaft. Muß er den Zucker mit herausgeben, welchen er zwischen dem Vertragsschlusse und der Übergabe fabriziert?

84. Bei der großen Kälte suchen einige Rotkehlchen im Zimmer des Rentiers X. Schutz, welcher ihnen einen großen Käfig einräumt, den er für 21 Mark erworben hatte, um seinen an den Folgen des harten Winters kürzlich zu Grunde gegangenen Papagei darin unterzubringen. Er will hierauf die Rotkehlchen dem Briefträger Z. verkaufen, doch warnt ihn sein Freund, der Gastwirt Y., der in seiner Jugend die Rechte studiert hatte, vor diesem Geschäfte, weil es ihn verpflichten würde, auch den Käfig mitzuliefern, den er überdies dem Vogelhändler V. schulde. X. hatte nämlich dem letzteren den Papagei kurz vor dessen Tode für 22 Mark verkauft. X. bittet uns um eine juristische Beleuchtung des von seinem Freunde erteilten Rates.

85. Die chinesische Regierung kauft von der deutschen die Panzerkorvette Bratislavia. Müssen die zugehörigen Torpedoboote mitgeliefert werden?

86. (63.) Der Pfefferkuchenhändler X. will seine Marktbude an den Holzhändler Y. verpfänden, ohne auf ihre Benützung während des Jahrmarktes zu verzichten. Ist dies möglich?

87. Der Bauer X. will während der Ernte sein ihm unentbehrliches Ochsengespann verpfänden und es trotzdem noch weiterhin benutzen. Er fragt, ob dies durch eine Eintragung im Grundbuche bewerkstelligt werden kann oder muß.

88. Der Schriftsteller X. will einen noch nicht geschriebenen Roman verpfänden. Ist dies möglich?

89. (64.) Kurz nach erfolgter Mobilmachung wird in einem schwebenden Enteignungsverfahren der Wert eines an der feindlichen Grenze liegenden Hauses nach den augenblicklichen Durchschnittspreisen des Ortes auf 10 000 Mark festgesetzt. Der Eigentümer beschwert sich hierüber und wünscht eine Berücksichtigung des Umstandes, daß sein Haus seit zehn Jahren 2000 Mark Mietszins jährlich abgeworfen hat. Ist diese Beschwerde berechtigt?

90. Die Anna Y. war wegen Ungehorsams von ihrer Dienstherrin, dem Fräulein Z., entlassen worden. Aus Rachsucht vergiftete sie deren Lieblingshund, dessen Kaufswert zehn Mark betrug. Als sie hierauf ihren Onkel, den reichen Destillateur Y., beerbt hatte, will Frl. Z. gegen sie einen Schadensersatzanspruch von 1000 Mark geltend machen, da ihr der Hund so viel wert gewesen sei. Ist dies möglich?

91. Der Doktor der Philosophie X. hat die Gewohnheit seine Petroleumlampe zu füllen, während er eine brennende Cigarre im Munde hat. Hierdurch entsteht eine Explosion, infolge deren das Haus abbrennt, während er selbst mit Lebensgefahr gerettet wird. Das abgebrannte Haus war für die nächsten drei Jahre seiner gesunden Lage wegen an einen Lungenkranken für einen ungewöhnlich hohen Preis vermietet. Muß X. auch hierfür Entschädigung leisten?

92. (65.) Der bei seinem Vater, dem Schlossermeister X., arbeitende 22jährige Adolf X. borgt sich von dem Schlossermeister Y. vierhundert Schrauben einer gewissen Art, um sie zu verkaufen und das Geld zu vertrinken. Ist es von Belang, ob Y. diese Absicht kannte?

93.[1] (66.) Fürst X. vermacht die von der Straße gesehen rechte Hälfte seines Palastes mit der darin befindlichen Bildergalerie der Stadt zur Errichtung eines Museums. Seinem Erben ist hierdurch der Wohnsitz in der anderen Hälfte verleidet und er will auf Verkauf des Ganzen und Teilung des Erlöses klagen. Ist er hierzu berechtigt?

94. Dem X.'schen Ehepaar wird von einem gemeinsamen Onkel ein Landhaus mit der Bestimmung vermacht, daß es auf ewige Zeiten unteilbar sein solle. Bald darauf macht Frau X. in Gemeinschaft mit ihrem Liebhaber gegen ihren Gatten einen Vergiftungsversuch. Dieser läßt sich von ihr scheiden und fragt an, ob er nicht hinsichtlich des Hauses eine Auseinandersetzung erzwingen darf, ferner ob eine freiwillige Auseinandersetzung der beiden Gatten später von anderer Seite würde angefochten werden können.

95. (67.) Die Universität klagt gegen den Vater des verstorbenen Idioten X. auf Auslieferung des Leichnames, welchen dieser noch bei Lebzeiten des Kindes der Anatomie im voraus verkauft hatte. Ist eine solche Klage möglich?

96. Dem Fräulein X. ist von boshafter Hand ein Zopf abgeschnitten und entwendet worden. Er befindet sich im Schaufenster des Friseurs Z. Kann er diesem von Frl. X. abverlangt werden?

97. Die hiesige Gemeinde will einen seit längerer Zeit nicht mehr benützten Kirchhof verkaufen? Darf sie dies? Gilt dies auch hinsichtlich einer dort stehenden Familiengruft?

---

[1] Vgl. Entsch. des Obertribunales Bd. 53 Nr. 2 S. 4 ff.

98. In Berlin wurde ein Arm der Spree behufs Anlegung einer neuen Straße zugeschüttet. Hatten die Uferanwohner Anrechte auf die so geschaffene Bodenfläche?

99. X. läßt auf seinem Grundstücke eine Wasserleitung anlegen. Hierbei stößt der Tagelöhner Y. mit seinem Spaten auf ein bisher unentdecktes Steinkohlenlager. Er füllt sich einen großen Korb mit Steinkohlen, um ihn mit sich nach Haus zu nehmen. Darf der Grundstückseigentümer ihm dies verbieten?

100. (69. 70.) Der Landrichter X. findet am Neujahrstage auf seinem Frühstückstische eine Kündigung seiner Wohnung seitens seines Wirtes, des Stadtrates Y., welcher erklärt, vom 1. April ab das ganze Haus für sich allein bewohnen zu wollen. Da X. einen weiten Umzug scheut, so schickt er sogleich in das Nebenhaus zum Kaufmanne Z. mit der schriftlichen Anfrage, ob er die in dessen Hause leerstehende Wohnung zum ersten April für 1200 Mark jährlich haben könne. Z. verhandelte bereits seit einigen Tagen wegen dieser Wohnung mit einem Bankier, der nicht abgeneigt war, sie für 1400 Mark zu mieten und zögerte deshalb mit der Antwort. Inzwischen trafen sich X. und Y. am nächsten Tage bei einem Diner des Obersten v. Z., woselbst die Angelegenheit freundschaftlichst besprochen wurde und Y. in freudiger Festesstimmung seine Kündigung zurücknahm. Als X. soeben um $7^1/_2$ Uhr von dem Diner nach Hause gekommen ist, erscheint Z. bei ihm und erklärt, er habe den Bankier, der bedeutende bauliche Veränderungen verlangt hatte, abgewiesen und überlasse ihm, dem Landrichter, hiermit die Wohnung. Der letztere lehnt dies ab und, da Z. gegen die Ablehnung Widerspruch erhebt, so wirft er sich die Frage auf, ob er den Mietszins zahlen muß, falls Z. keinen anderen Mieter finden kann.

101. Der Bauer X. kauft am Vormittage des 1. Februar auf dem Markte ein Schwein und nimmt es mit sich. Dasselbe erkrankt am Nachmittage des folgenden Tages in rätselhafterweise und stirbt bald darauf. Der Thierarzt erklärt sich außer stande, die Natur der Krankheit festzustellen. Kann X. gegen den Verkäufer klagen?

102. Am 22. Februar verpflichtet sich ein Käufer den Kaufpreis zur einen Hälfte in acht Tagen, zur anderen in zwei Monaten zu zahlen. Wann ist die Schuld fällig?

103. Kann ein junges Mädchen schon am Tage vor ihrem sechzehnten Geburtstage heiraten? Am Geburtstage selbst?

104. Der Studiosus X. kauft am Morgen seines 25. Geburtstages vor der Geburtsstunde für den halben Betrag seines Vermögens einen Brillantschmuck, um ihn am Abende desselben Tages in einem Bouquet einer durchreisenden Sängerin auf die Bühne zu werfen. Bei dem Anblicke älterer gratulierenden Verwandten empfindet er Reue über seinen Leichtsinn und fragt uns, ob er das Geschäft anfechten kann.

105. Der Rechtsanwalt X. nimmt den Lohnschreiber Y. für vier Tage vom Mittwoch ab an. Dieser erklärt am Abend des Freitag, er sei jüdischer Konfession und verlange deshalb statt am Sonnabend am Sonntage beschäftigt zu werden. Ist er am Sonnabende zur Arbeit verpflichtet? Muß er es sich gefallen lassen am Montage zur Arbeit verwendet zu werden? Bei etwaiger Verneinung dieser Fragen: Darf ihm ein Viertel von dem ausbedungenen Lohne abgezogen werden?

106. (71.) Zur Feier seiner Verlobung verspricht der Rittergutsbesitzer X. den Gemeindebehörden seines Gutes, welche sich an einem Festfackelzuge beteiligt hatten, am Tage seiner Hochzeit der Gemeindekasse für die Armen 10 000 Mark zu zahlen und bekräftigt diese Erklärung am folgenden Tage vor Gericht. Da er die Summe trotz erfolgter Hochzeit nicht bezahlt, so wird er verklagt. Er wendet ein, daß er bereits eine Nichtigkeitsklage angestellt habe, weil er von seiner Braut hinsichtlich ihres früheren Lebenswandels betrogen worden sei. Ist dies für den gegenwärtigen Prozeß von Bedeutung?

107. (72.) Der Leutnant X. heiratet die einzige Tochter und Erbin des verstorbenen Gutsbesitzers Y. Nach zehnjähriger Ehe stirbt sie mit Hinterlassung eines neunjährigen Sohnes. X. will das Y.'sche Gut aufs neue verpachten. Er fragt uns, ob er bei dem Abschlusse des Pachtvertrages sein Kind ohne weiteres vertreten kann.

108. Der Schiffskapitän R. hinterläßt seinem zwanzigjährigen Sohne, dem Studiosus R., eine allgemeine Vollmacht zur freien Verwaltung seines mütterlichen Erbteiles. Letzterer nimmt infolgedessen mehrere Hypotheken auf ein von seiner Mutter ererbtes Haus auf. Darf der Richter dieselben in das Grundbuch eintragen?

109. (73. 74.) Der Tuchhändler X. hinterläßt als einzigen Erben seinen vierjährigen Sohn. Dessen Vormund, der Gymnasialdirektor Z., ist in Handelsangelegenheiten gänzlich unerfahren und möchte die Fortführung des X.'schen Tuchgeschäftes dem als zuverlässig erprobten Prokuristen Y. in der Weise überlassen, daß er, Z., keine Verantwortung für dessen Beaufsichtigung zu tragen braucht. Ist dies zu ermöglichen?

110. Der Bauer X. bittet die Frau Pastor Y., bei welcher seine fünfzehnjährige Tochter Bertha X. in Dienst tritt, um besondere Beaufsichtigung des Lebenswandels seines Kindes. Als die Bertha X. später in dieser Hinsicht vonseiten der Frau Y. gegründete Vorwürfe erleiden muß, kündigt sie den Dienst, offenbar wider den Willen ihres Vaters. Kann die Frau Y., welche kein Gewicht darauf legt, das Mädchen festzuhalten, diese Kündigung als rechtsverbindlich ansehen?

110a. (75.) Der geisteskranke Professor der Kunstgeschichte Z. verfertigt, während er sich in der Pflege seiner Frau befindet, unausgesetzt wissenschaftliche Werke von tadelloser Beschaffenheit und großem Werte, obwohl er an der Wahnvorstellung leidet, ein Anrecht auf die Krone von England zu besitzen. Die Ärzte erklären sein Gehirnleiden für unheilbar. Kann seine Frau sich von ihm scheiden lassen?

111. Der Hauptmann X. macht am Nachmittage eines anstrengenden Übungsmarsches plötzlich große Ankäufe von Waren und verfällt einige Tage darauf in Tobsucht. Acht Monate darauf wird er für geisteskrank erklärt. Sein Vormund weigert sich, die kurz vor dem Tobsuchtsanfalle gekauften Waren zu bezahlen. Ist diese Weigerung berechtigt?

112. Der Tragöde X. wird probeweise aus dem Irrenhause entlassen, ohne daß seine Entmündigung aufgehoben wird. Er verlangt von seinem Onkel Y., der inzwischen seinen Sohn an sich genommen hat, dessen Herausgabe. Y. fragt uns, ob er hierzu verpflichtet ist, da er für seinen Großneffen die Folgen eines Rückfalles des alten Leidens für gefährlich hält.

113. Der in der Irrenanstalt befindliche entmündigte Barbier X. wird, weil er seit Wochen keine Spuren geistiger Störung gezeigt hat, für einige Stunden täglich aus der Anstalt in die

Stadt beurlaubt. Er bestellt daselbst für sich und seine Freunde in einem größeren Gasthofe ein Mittagessen, indem er seinen geisteskranken Zustand verschweigt. Am Schlusse der Mahlzeit verweigert er die Bezahlung. Der Wirt klagt gegen seinen Vormund. Der Direktor der Irrenanstalt Z. und sein Assistent Dr. Y. werden über seine Zurechnungsfähigkeit im Augenblicke des Geschäftsabschlusses vernommen und bekunden eidlich, daß es nach dem gegenwärtigen Stande der Wissenschaft unmöglich ist, zwischen Unzurechnungsfähigkeit und Zurechnungsfähigkeit in jedem einzelnen Falle scharf zu unterscheiden, daß es vielmehr Grade größerer und geringerer Zurechnungsfähigkeit giebt und X. nach ihrer Meinung bei der Bestellung des Essens zwar nicht gänzlich zurechnungsfähig, aber auch nicht gänzlich unzurechnungsfähig war. Wie ist zu entscheiden?

114. (76.) Der Bankier X. enterbt seinen Sohn Karl wegen Verschwendung, indem er ihm zugleich eine jährliche Rente aussetzt. Karl fragt, ob dies möglich war, ohne daß vorher seine gerichtliche Entmündigung erfolgte.

115. Der hierselbst im zwanzigsten Semester studierende X. ist gerichtlich für einen Verschwender erklärt worden. Sein Vormund, der Oberst z. D. Y. schließt ihn eines Tages von 12 bis 1 Uhr mittags in sein Zimmer ein, um ihn von dem Besuche des Frühschoppens zurückzuhalten. Darf er deshalb einen Strafantrag wegen widerrechtlicher Freiheitsentziehung stellen?

116. Der frühere Kunstreiter X. soll für einen Verschwender erklärt werden. Während des Prozesses giebt er einigen Freunden bei dem Gastwirte Z., welcher von dem schwebenden Entmündigungsverfahren Kenntnis hatte, ein Fest und wird dabei infolge übermäßigen Weingenusses von einem tödlichen

Hirnschlage getroffen. Sein einziger Erbe, sein Bruder, der Hülfslehrer X., weigert sich dieses Gastmahl zu bezahlen.

116. X. mietet, nachdem der Entmündigungsbeschluß ihm zugestellt, aber nicht bekannt gemacht worden war, bei Y., welcher von dem Entmündigungsverfahren nichts wußte, für drei Jahre eine im Hinblicke auf seine Vermögensverhältnisse übermäßig teuere Wohnung. Darf und muß sein Vormund dies anerkennen?

117. (77. 78.) Der Geh. Kommerzienrat X. vermacht seiner Frau den Nießbrauch eines ihm gehörenden Rittergutes mit der Auflage, daß, „falls sie den Witwenstuhl verrückt", der Wert der bisherigen Nutzung des Gutes von ihr seinen Kindern herausbezahlt werden soll. Ist dies gültig?

118. Der Sanitätsrat X. legt seiner Tochter aus Rücksicht auf ihre Hinneigung zur Schwindsucht für den Fall, daß sie vor dem 27. Jahre heiraten sollte, ein jährliches Vermächtnis von 5000 Mark zu Gunsten der Armenkasse auf. Ist dies gültig?

119. Der Kaufmann Christian X. vermacht seinem früheren Buchhalter Joseph Y. für den Fall, daß der letztere zum Christentume übertreten und deshalb von seinem jetzigen Prinzipale entlassen werden sollte, eine Jahresrente von 1000 Mark, bis er eine neue Anstellung gefunden haben werde. Ist diese Bedingung eine unsittliche?

120. Der Gutsbesitzer X. fragt an, ob er einen Gärtner auf Lebenszeit mit der Bestimmung, daß diesem jede Kündigung versagt sein soll, anstellen kann und ob er einem solchen sein Gehalt auch dann weiterzahlen muß, wenn dieser dienstunfähig wird.

121. Der Seifenfabrikant X. läßt sich von seinem bisherigen Geschäftsführer eine Konventionalstrafe von 2000 Mark für den Fall versprechen, daß dieser am selben Orte eine Seifenfabrik errichten würde. Ist dies Versprechen gültig?

122. Ist es erlaubt, eine jährliche Abgabe von hundert Scheffeln Weizen zu Gunsten des Ortspfarrers auf sein Grundstück aufzulegen oder letztwillig zu bestimmen, daß der jedesmalige Ortspfarrer Alleinerbe des Testators sein soll?

123. (79.) Der preußische Fiskus klagt gegen den hierselbst wohnenden Reichstagsabgeordneten X. auf Rückzahlung von 6000 Mark Diäten, welche er aus einer Parteikasse empfangen hat. Die Auszahlung ist zur Hälfte in Berlin, zur Hälfte in Frankfurt a. M. erfolgt durch ein Komité, dessen drei Mitglieder in Berlin, Frankfurt a. M. und München ihren Wohnsitz haben. Ist die Klage zulässig?

124. (80.) X. sieht sich durch seinen Vermögensverfall genötigt, seine Villa, die er bisher als Sommerwohnung zu benutzen pflegte, dem Bankier Y. zu verkaufen; da er jedoch in der nächsten Zeit eine große Erbschaft zu erlangen hofft, so läßt er auf das Grundbuchblatt des verkauften Grundstückes für sich ein Vorkaufsrecht und ein Verbot. das Gut in den nächsten fünf Jahren zu veräußern, eintragen. Darf der Käufer auf dieses Grundstück eine Hypothek aufnehmen?

125. (81.) Am 1. Juli überreicht der Speisewirt X. dem Studiosus Y. eine Rechnung „pro Juni", welche dieser, nachdem er einen flüchtigen Blick darauf geworfen hat, als richtig anerkennt und binnen 14 Tagen zu bezahlen erklärt. Bei eingehenderem Studium der Urkunde stellt sich jedoch heraus, daß der Gastwirt mehrfach das Mittagsessen von solchen Tagen in Rechnung gestellt hat, an welchen Y. sich mit Bestimmtheit erinnert, das Wirtshaus nicht betreten zu haben, weil er verwundet zu Bett lag. Kann er diese Posten noch anfechten?

126. (82.) Der frühere Gutsbesitzer Adolf Z. hatte, bevor er sein Gut verkaufen mußte, ein Darlehn von 20 000 Mark bei dem Bankier X. aufgenommen. Der Bruder des Z., der Hauptmann Friedrich Z., hatte sich für die Rückzahlung des Geldes schriftlich verbürgt. Da Adolf Z. bei vielen Mahnungen immer wieder seine Zahlungsunfähigkeit hervorhebt, so erklärt X. ihm brieflich, daß er ihm die Hälfte der Schuld erlassen wolle, falls er wenigstens die andere Hälfte erhalte. Hierauf zahlte ihm A. Z. 10 000 Mark. Nunmehr klagt X. auf die Restschuld von 10 000 Mark gegen den Hauptmann. Er erwidert auf die Einrede des Erlasses, daß dieser letztere eine ungültige Schenkung enthalte, und auf das Ansinnen, zuerst den Hauptschuldner zu verklagen, daß er dies nicht nötig habe. Ist beides richtig?

127. Als der Leutnant X. die Erbschaft seines Vaters, des Regierungsrates X. antritt, meldet sich der Tabakshändler Y., bei ihm mit einer Forderung von 60 Mark für Cigarren, die er vor etwa 4 Monaten dem Verstorbenen geliefert hatte. Da letzterer alle Anschaffungen bar zu bezahlen pflegte, so erkannte der Sohn diese Forderung nicht an, verglich sich jedoch schließlich mit dem Y. auf die Hälfte der geforderten Summe und berichtigte diesen Posten. Später findet er eine Quittung des Y., welche sein Vater als Lesezeichen in einen Band der Gesetzsammlung gelegt hatte, und fragt, ob er die bezahlten 30 Mark wiedererlangen kann.

128. Am 1. Januar 1882 verbrennt der Gerichtsdirektor X. in gewohnter Weise die Rechnungen, welche verjährte Schulden betreffen, und entdeckt hierbei, daß ihm in der Hotelrechnung des Mainzer Hofes in Berlin, in welchem er während des Einzuges unserer siegreichen Truppen im Jahre 1871 gewohnt hatte, infolge einer falschen Zusammenziehung zehn Mark und 20 Pfg. zu viel abverlangt worden sind. Er wirft sich die Frage auf, ob es ihm noch jetzt möglich ist, in dieser Angelegenheit einen Kampf ums Recht zu eröffnen. Ist es dabei von Belang, daß er sich damals über die Unbescheidenheit der geforderten Preise hinsichtlich aller Posten der Rechnung bei dem Oberkellner beschwert und dieser ihm hierauf 3 Mark von der Rechnung abgestrichen hat?

129. (83.) Der Generaldirektor des in Paris lebenden Fürsten X. beschwert sich bei dem Tischler Y. über die schlechte Beschaffenheit einer für das X.'sche Gut zu dem Preise von 5 Mark bestellten Hühnerleiter. Y. erklärt den Preis auf 4 Mark herabzusetzen, will jedoch später diese Erklärung nicht anerkennen. Ist er hierzu befugt?

130. Der Bauer X. ertappt einen Dieb beim Hühnerstehlen. Da er einen großen Stock bei sich führt, so zahlt ihm der Dieb sofort 10 Mark dafür, daß er ihn ruhig laufen lasse, was sodann auch geschieht. Kann das Geld dem Bauer abverlangt werden?

131. Der Gutsbesitzer M. hat mit seinem Sohne, dem Fabrikdirektor Franz M., einen gerichtlichen Erbvertrag abgeschlossen, in dem sein Sohn Karl M. enterbt ist, weil er ihm nach dem Leben getrachtet habe. Karl beabsichtigt das Geschäft nach dem Tode des Vaters anzufechten, giebt aber seine Ansprüche dem Franz gegenüber für eine Summe von 10000 Mark in schriftlicher Form auf. Da K. nach Amerika auswandern will, ist der Vertrag in aller Eile vor Eröffnung des gerichtlich hinterlegten Erbvertrages abgeschlossen worden. Kann K. ihn anfechten?

132. Der Kommerzienrat X. setzt seinen Neffen zum Alleinerben ein und vermacht seiner alten Köchin jährliche Alimente in Höhe von 600 Mark. Sein Neffe benutzt eine augenblickliche Geldverlegenheit der Vermächtnisnehmerin, um ihr durch Briefwechsel ihren Anspruch für eine einmalige Leistung von 1000 Mark abzukaufen. Ist das Geschäft gültig?

133. (84.) Der Handlungsgehilfe X. bemerkt am Neujahrsmorgen, daß er abends vorher in hochgradiger Trunkenheit sich von einem Zechgenossen hat verleiten lassen, seine goldene Uhr für drei Mark zu verkaufen. Welche Schritte muß er thun, um diesen Schaden auszugleichen?

134. (85.) Der ältere Sohn des Majoratsherrn Graf J. setzt beim Kartenspiele seinem jüngeren Bruder gegenüber sein Erstgeburtsrecht und seinen Antheil an der väterlichen Intestaterbfolge auf eine Karte und verliert. Um sein Wort einzulösen, will er auf die genannten Rechte vor Gericht verzichten. Darf der Richter diese Erklärung aufnehmen?

135. Der in väterlicher Gewalt befindliche Leutnant X. borgt sich 1000 Mark und verzichtet dabei auf alle Einreden aus diesem Geschäfte. Ist dies von rechtlicher Bedeutung?

136. Die Witwe X. verzichtet, um ihren in Frankreich lebenden jüngeren Sohn zu beschenken, durch einseitige gerichtliche Erklärung auf eine Hypothek, welche für sie auf dessen Grundstück eingetragen ist. Auf dem Heimwege vom Gerichte wird sie von einem Omnibus überfahren, stirbt und hinterläßt ihre beiden Söhne als Erben. Der ältere will ihren Verzicht anfechten. Kann er dies?

137. Der Hausbesitzer X. ist völlig überschuldet, namentlich steht auf seinem Hause eine Hypothek von 20 000 Mark zu Gunsten seiner Schwägerin Z. Trotzdem borgt ihm Y. noch 20 000 Mark, weil die Z. ihm mündlich erklärte, sie wolle, falls es zum äußersten käme, bei der Verwertung des Grundstückes dem Y. den Vortritt lassen. X. verschwindet plötzlich und hinterläßt keinen anderen Pfändungsgegenstand als sein vorerwähntes Haus. Ist Y. gesichert?

138. Der Bauer Z., welcher mehrere Güter besaß, vermacht seinem alten Freunde X., der ihm in der Schlacht von Gravelotte das Leben gerettet hat, eines derselben, den sogen. Oberhof, mit Zubehör. Sein einziger Sohn und Erbe kann sich hierüber nicht beruhigen und beschwert sich über Erbschleicherei des X. Dieser, hierüber verstimmt, verzichtet ihm gegenüber schriftlich auf den Oberhof. Da jedoch der junge Z. nicht aufhört, ihn öffentlich als Erbschleicher zu bezeichnen, so fragt er, ob er nicht den Verzicht anfechten oder wenigstens das Wirtschaftsinventar verlangen kann.

139. (86—89.) Professor X. erhält einen Ruf nach Wien und verkauft deshalb seinen Talar an seinen soeben hierher berufenen Kollegen Y., welcher demnächst eine andere Gelegenheit, einen Talar zu erwerben, versäumt. Später lehnt X. den Ruf doch ab und verweigert die Herausgabe des Talars. Da Y. es für seine sittliche Pflicht hält, Rechtsfragen auch seinen Freunden gegenüber mit voller Strenge zu behandeln, so verklagt er den X. Dieser wendet ein, den Talar nur unter der Bedingung verkauft zu haben, daß er den Ruf nicht doch noch nachträglich ablehnen werde. Y. bestreitet dies, und da Zeugen bei dem Vertragsabschlusse nicht zugegen waren, so erwägt der Rechtsanwalt des Y., ob er dem X. vielleicht einen Eid zuschieben und welchen Inhalt dieser haben soll. Er fragt uns, ob es von Bedeutung ist, daß nach der Behauptung des X. die erwähnte Bedingung dem Geschäfte nicht sogleich eingeschoben worden ist; sondern erst bei Gelegenheit einer Senatssitzung, welche einige Tage später abgehalten wurde.

140. Dem Kommis X. ist in Amerika eine Stellung als Buchhalter in Aussicht gestellt, falls er dem dort wohnenden Prinzipal persönlich gefallen sollte. Da er die Putzmacherin Y. verführt hat und nicht verlassen will, so verlobt er sich vor seiner Abreise mit ihr durch gerichtlichen Vertrag unter der Bedingung, daß er die versprochene Stelle erhalten werde, einer Bedingung, deren Zulässigkeit im Hinblick auf die Wahrscheinlichkeit ihrer Erfüllung zwar von allen an den Vertragsverhandlungen beteiligten Personen für zweifellos gehalten wurde, welche aber trotzdem ausfiel. Kann das von der Y. geborene Kind die Vorrechte der Brautkinder in Anspruch nehmen?

141. Der Rentier X. vermietet dem General Y. schriftlich die Beletage seines Hauses für den Fall, daß wirklich, wie ein Gerücht in der Stadt besagt, der bisher dort wohnende Regierungspräsident Z., der soeben plötzlich nach Berlin abgereist ist, gestern daselbst zum Unterstaatssekretär ernannt worden ist. Ist der Vertrag gültig?

142. Der am 11. Februar 1886 im Duell gefallene Leutnant X. hinterläßt unter anderem ein Lotterielos. Sein Vetter und einziger Verwandter, der Referendar Y., entsagt vor Gericht der Erbschaft unter der Bedingung, daß das Los bei der am 7. Mai bevorstehenden Ziehung als Niete herauskommen werde, was in der That geschieht. Am 4. Januar 1887 wird er von dem Restaurateur Z. auf Bezahlung einer Rechnung von 200 Mark für Speisen und Getränke, welche X. im Jahre 1885 genossen, aber nicht bezahlt hatte, in Anspruch genommen. Muß er zahlen?

143. Die Konzertsängerin Maria X. kauft ein Pianoforte für 2000 Mark unter der Bedingung, daß der Virtuose V. es für preiswürdig anerkennen werde und läßt es, um seinen Klang innerhalb ihrer Wohnung beobachten zu können, in diese hinüberschaffen. V. erklärt das Instrument für viel zu teuer. Hierauf reist Frl. X. zur Mitwirkung an einem Konzerte in Baltimore plötzlich ab, ohne ihre Wohnungsmiete zu zahlen. Der Hauswirt erklärt der Klavierhandlung, das Instrument nur gegen Erstattung des Mietszinses herausgeben zu wollen. Darf er dies? Kommt es darauf an, ob Frl. X. die 2000 Mark bereits bezahlt hat?

144. Der Oberlehrer X. erklärt dem Weinreisenden Y., ihm 20 Flaschen des ihm angebotenen Grünberger Schaumweines für den verlangten Preis abzunehmen, falls ihm eine Probe davon schmecken werde. X. kostet die Probe und findet, daß der Wein nicht süßer ist, als sein Ruf. Sein Sohn, der Rechtskandidat X., äußert die Ansicht, daß sein Vater durch die Schlauheit des Reisenden in eine Falle gelockt worden ist und den Wein behalten muß; denn er erinnere sich aus einem juristischen Repetitorium, an dem er teilnehme, mit Bestimmtheit des Satzes, daß der Verpflichtete, welcher die Bedingung seiner Schuld selbst vereitelt, zahlen muß. Ist dies richtig?

145. Der Rentier X. besucht seinen einzigen Sohn, den unverheirateten Kaufmann X., hierselbst und hat seine besondere Freude darüber, daß dieser, welcher im weißen Lamm seit Jahren speist und auch jetzt wieder für ein ganzes Halbjahr abonniert ist, daselbst so gut bedient wird. Da X. infolge einer Erkältung plötzlich schwer erkrankt, so setzt er in einem Testamente, in dem er seinen Sohn zum Alleinerben ernennt, unter anderen Vermächtnissen fest, daß jeder Kellner des genannten Gasthofes 6 Mark erhalten soll, falls sein Sohn bis zum Ablaufe seines Abonnements dort ebenso gut bedient werde, wie bisher. Bald darauf stirbt der Vater. Der Sohn sucht nunmehr die erwähnten Vermächtnisse dadurch von sich abzuwälzen, daß er von den letzten Tagen des Halbjahres ab in einer anderen Wirtschaft speist. Ist dieses Verhalten erfolgreich?

146. Der Lederhändler X. vermacht seinem Neffen, dem Gymnasialabiturienten Y., 10 000 Mark, wenn er binnen sechs Jahren entweder das erste medizinische oder das erste juristische Staatsexamen besteht. Y. erledigt die erstere der beiden Prüfungen schon nach zwei Jahren mit Erfolg. Der Erbe des X., sein Sohn, verlangt nunmehr, daß Y. auch noch die zweite Prüfung besteht, da ihm, dem Erben, die Wahl zwischen den zu erfüllenden Bedingungen zustehe. Ist dies richtig?

147. Der Geh. Kommerzienrat Z. setzt seine Nichte zur Alleinerbin ein und, da er beobachtet zu haben glaubt, daß sie für den Reichstagsabgeordneten Y. ein ungewöhnliches Interesse zeigt, so ernennt er diesen zum Miterben unter den beiden Bedingungen, daß Y. aus seiner jetzigen Fraktion zur Reichspartei übertritt und die Nichte des Testators heiratet. Die Reichspartei verweigert jedoch die Aufnahme des Y. wegen seiner früheren Wahlreden und die Nichte schlägt seine Hand aus, indem sie auf den Rat ihres Rechtsanwaltes besonders hervorhebt, daß das von ihr Ausgeschlagene kein „Vorteil" im Sinne des Gesetzes sei. Welche Bedeutung hat diese letztere Erklärung?

148. Baron X. kauft im Hinblick auf den bevorstehenden Geburtstag seiner Frau eine neue Equipage gegen Barzahlung mit der Bestimmung, daß der Kauf rückgängig werden soll, wenn die Equipage seiner Frau nicht gefallen sollte. Nach Hause zurückgekehrt, erfährt er, daß seine Frau, als er sie kaum verlassen hatte, also jedenfalls vor Abschluß des Geschäftes, am Hirnschlage gestorben ist. Muß er die Equipage behalten?

149. (90.) Der Gutsherr X. vermacht dem Dorfpastor Y. ein Haus mit Garten „unter der Bedingung, daß dieser keine andere Stelle annimmt, für welchem Fall die Zuwendung fortfallen soll". Nach einigen Jahren nimmt Y. eine Pfarre in der Kreishauptstadt an. Der Sohn und Erbe des X. fühlt sich hierdurch gekränkt und will auf Ersatz für die bisherige Benutzung des Gartens klagen. Ist dies möglich?

150. X. gründet zusammen mit Y. ein Drogengeschäft. In ihrem Gesellschaftsvertrage lautet der § 4: „Wenn einer der Kontrahenten an der Börse ein Differenzgeschäft abschließt, so soll die Gesellschaft aufgelöst sein". Y. übertritt diese Bestimmung und X. bewirkt deshalb die Liquidation der Gesellschaft. Y. beansprucht dabei einen Anteil an dem Warenbestande, welchen X. in die Gesellschaft eingeworfen hat. X. will diesen für sich allein behalten. Wie ist zu entscheiden?

151. Die S.'sche Nähmaschinenfabrik verabredet mit der Kleidermacherin X., daß diese für die Benutzung einer Nähmaschine eine monatliche Miete von 20 Mark zahlen soll. Erfolgen fünf regelmäßige Zahlungen, so soll die Maschine von der X. erworben sein. Bleibt eine Zahlung aus, so muß sie ohne Entgelt zurückgegeben werden. Im vierten Monate bleibt die Zahlung aus, und es stellt sich heraus, daß die Maschine sich bei dem Rückkaufshändler Y. befindet, welcher darauf, wie er behauptet, im guten Glauben 30 Mark geborgt hat. Kann die S.'sche Fabrik die Maschine zurückverlangen? Vielleicht nur gegen Ersatz der 30 Mark?

152. (91.) X. wird von Y. davor gewarnt, den Z. als Diener anzunehmen, weil dieser im Zuchthause gesessen habe. Z. beteuert das Gegenteil und wird engagiert. Erst später stellt sich heraus, daß die Warnung dennoch eine thatsächliche Grundlage hatte. Muß Z. den empfangenen Lohn der Zwischenzeit herausgeben?

153. Der kürzlich aus Afrika hierher verzogene Missionär X. setzt seine beiden Neffen zu Erben ein, den älteren, den Licentiaten Y., unter der Bedingung, daß es ihm gelingt, durch Ausarbeitung und Publikation eines vom Erblasser entdeckten, nach seiner Meinung unumstößlichen Beweises für die Rechtfertigung des Menschen durch den bloßen Glauben binnen Jahresfrist mehrere unbedingt zustimmende Rezensionen seitens bisheriger wissenschaftlicher Gegner zu erzielen, den Primaner Z. unter der Bedingung, daß er binnen sechs Jahren in Berlin den theologischen Doktorgrad erwirbt. Sind diese Bestimmungen gültig?

154. Dem studiosus juris X. wird von seinem Onkel, dem Professor der Rechtswissenschaft Y., dessen Bibliothek vermacht unter der Bedingung, daß er die juristischen Vorlesungen während seiner Studienzeit eifrig besucht. Anderenfalls soll die Bibliothek dem hiesigen Landgerichte zufallen. Der Erbe des Y., der Hauptmann Y., begnügt sich auf den Rat seines Rechtsanwaltes mit den von X. ihm vorgezeigten Vorlesungstestaten nicht, sondern zieht persönliche Erkundigungen ein, welche ergeben, daß X. die Bedingung nicht erfüllt hat. Die Bibliothek wird hiernach dem Landgerichte ausgeliefert. X. fragt, gegen wen er auf deren Herausgabe klagen soll. Er will nämlich unter Berufung auf das Gutachten namhafter Juristen erweisen, daß der Besuch juristischer Vorlesungen unnütz sei. Welchen Zweck soll dieser Nachweis haben?

154a. (92.) Der Ökonom X. kauft brieflich einen Rappen für 300 Mark vom Bauer Y. „auf Probe". Er verpfändet denselben dem Pferdehändler Z. für ein Darlehen von 400 Mark. Später erklärt er den Rappen nicht haben zu wollen und fordert den Y. auf, ihn sich vom Z. abzuholen, dessen Pfandrecht durch seine Erklärung erloschen sei. Ist dies richtig?

155. (93.) Der Kommerzienrat X. setzt seinen Bruder zum Erben ein und vermacht seinem Neffen, dem Rittmeister Z., die Pferde seines Marstalls, mit der Auflage dem Diakonissenhause zu B., das eine Pflegerin an das Krankenbett des X. gesandt hatte, 1000 Mark zu zahlen. Kurz vor dem Tode des X. wurde das Diakonissenhaus aus Mangel an Unterhaltungsmitteln aufgelöst. Z. verspricht nunmehr die 1000 Mark der Kasse der hiesigen Universitätsklinik zu zahlen, um das Vermächtniß zu erhalten. Bedarf es für ihn zu diesem Zwecke eines solchen Versprechens?

156. Der Gastwirt X. beerbt seinen Vetter, den Gymnasiallehrer X. Die in dessen Nachlasse befindliche Bibliothek im Werte von etwa 1000 Mark schenkt er einem Stammgaste, dem Zeitungsredakteur Z., aus Erkenntlichkeit für einige wohlwollende Berichte, welche dessen Blatt über sein Wirtshaus veröffentlicht hatte. Er fügte jedoch dieser Schenkung zwei Bestimmungen hinzu. Zunächst sollte Z. ein für ihn wertloses, in der Bibliothek mitinbegriffenes Kochbuch der früheren Köchin des X., der jetzigen

Frau Tischlermeister Y., herausgeben. Sodann sollte Z. die Entfettungskur, welche ihm von seinem Arzte seit langer Zeit vergeblich angeraten war, endlich vornehmen. Später stellt sich heraus, daß die Tischlermeisterin Y. zur Zeit der Schenkung bereits verstorben war und von ihrem Manne beerbt worden ist. Da die politische Stellung des von Z. geleiteten Blattes zu der bald darauf erfolgenden Reichstagswahl das Mißfallen des X. erregt, so fragt er an, ob er das Geschenk widerrufen kann, zumal nunmehr etwa ein halbes Jahr seit der Schenkung verflossen ist, ohne daß Z. die versprochene Entfettungskur vorgenommen hat.

157. (94.) X. besitzt einen von Y. acceptierten Wechsel von 10 000 Mark, welchem jedoch das Datum der Ausstellung fehlt. Er befragt uns, ob er den Wechsel vielleicht als Schuldschein verwenden kann.

158. Eine allgemeine Studentenversammlung erwählt zur Feier eines patriotischen Festes ein Komité, welches das X.'sche Orchester für den Festabend durch Briefe engagiert, die neben den Worten „das Festkomité" eine weitere Unterschrift nicht enthalten. Kurz vor der Feier brechen zwischen den Komitémitgliedern Streitigkeiten aus, so daß sie unterbleibt. X. hat inzwischen anderweitige Geschäftsanträge für denselben Abend abgelehnt nnd fragt uns, ob er klagen kann und gegen wen.

158a. Der Assessor X. erhält von zwei hiesigen Buchhandlungen Zusendungen von Büchern zur Ansicht. Namentlich liefert ihm die A.'sche Buchhandlung die Entscheidungen des Reichsgerichtes kurz nach deren Erscheinen. Eines Tages sieht er einen neuen Band derselben auf seinem Tische liegen und schneidet ihn auf. Hierbei entdeckt er, daß es nicht der von ihm erwartete sechzehnte, sondern der längst von ihm besessene fünfzehnte ist und erfährt von seiner Wirtin, daß nicht die A.'sche, sondern die B.'sche Buchhandlung das Buch in seiner Wohnung hat abgeben lassen. Er wirft sich die Frage auf, ob das Aufschneiden des Buches ihn dazu verpflichtet, es zu behalten, oder ob sein Schweigen ihn dazu verpflichten würde.

159. (95. 96.) Der Bauunternehmer X. kauft von dem Gutsbesitzer Z. für tausend Mark Bauhölzer. Bedarf der Vertrag einer schriftlichen Form?

160. Der Fleischer X. kauft vom Bauern Y. 6 Hammel, das Stück zu 22 Mark, und erklärt sie am Nachmittage abholen zu wollen. Beim Weggehen äußert er, er wolle lieber 7 Hammel nehmen, also 154 Mark zahlen, womit sich Y. einverstanden erklärt. X. holt die Hammel nicht ab und wird auf deren Abnahme sowie auf Zahlung des Kaufpreises verklagt. Er wendet ein, daß die alte Schuld durch den neuen Vertrag nach der Meinung seines Rechtsanwaltes umgeschaffen oder doch aufgehoben, dieser letztere aber wegen Formmangels ungültig sei. Ist dies richtig?

161. Muß ein Standesbeamter, bei welchem ein Vater das Aufgebot seiner Tochter persönlich verlangt, für dessen Zustimmung zu der Ehe eine schriftliche Form verlangen?

161a. Der Hauswirt hat den verabredeten Mietsvertrag unterschrieben und dem Mieter übergeben. Nunmehr bittet der Mieter plötzlich um eine weitere dreiwöchige Bedenkzeit. Kann der Hauswirt ihm dieselbe verweigern? Was ist die Folge der Weigerung? Was die Folge gänzlichen Schweigens?

162. Die beiden Brüder X. und Y. mieten sich ein Fenster zur Besichtigung eines Festzuges für zusammen 10 Mark mit der Abrede, daß jeder für die ganze Summe haften soll. Bedarf der Vertrag der Schriftform?

163. Der Fluß hat im Juli 1886 ein Stückchen Land, auf dem eine kleine Birke steht, vom Garten des X. fortgerissen und eine weite Strecke unterhalb desselben an denjenigen des Y. angespült, in welchem die Birke Wurzeln schlug. Am 12. Juli 1887 ist X. zu einem Gartenfeste des Y. eingeladen und entdeckt den Sachverhalt daran, daß er den Anfangsbuchstaben des Vornamens seiner vormaligen Braut und jetzigen Frau in den Birkenstamm eingeschnitten hatte und nunmehr wiederfindet. Er macht seine Rechte geltend, verzichtet jedoch auf dieselben gegen eine ihm von Y. gebotene Entschädigung von 10 Mark. Bedarf dieser Vertrag der Schriftform?

164. Frau Registrator X. cediert dem Bankier Y. eine von ihrem Vater ererbte Hypothek mit Zustimmung ihres Gatten. Bedarf es einer solchen und muß sie in schriftlicher Form abgegeben sein?

165. (97.) Der Oberregierungsrat X. läßt durch seinen Diener Y. an den Förster Z. folgendes Telegramm aufgeben: „Senden Sie mir vier Klaftern Brennholz zu 40 Mark. X." Z. ist durch schlimme Erfahrungen, die er bei anderen Bestellern gemacht hatte, mißtrauisch geworden und fragt uns, da er uns auf der Jagd trifft, ob er sich auf die Rechtsgültigkeit der telegraphischen Bestellung verlassen kann. Ein bei der Jagdgesellschaft befindlicher Jurist meint, es komme darauf an, ob der Diener einen von X. unterschriebenen Telegrammentwurf der

Telegraphenanstalt übergeben oder ob er eine selbstgefertigte Abschrift desselben aufgegeben habe. Korrekter wäre es nach seiner Meinung gewesen, wenn Y. telegraphiert hätte: „Im Auftrage des Herrn X. bestelle ich 2c." Sind solche Unterschiede wirklich von rechtlicher Bedeutung?

166. X. schreibt seiner Frau: „Unser Haus magst Du nach bestem Ermessen vermieten. In alter Treue Dein Rudolf." Stellt dieser Brief eine gültige Vollmachtsurkunde dar?

167. Der Fürst X. reist, um nicht in den Gasthausrechnungen überteuert zu werden, unter dem Namen Löwe. Er mietet durch schriftlichen Vertrag in einem Badeorte zwei Zimmer auf vier Wochen für 160 Mark und unterzeichnet den Mietsvertrag mit Löwe. Darf der Vermieter diesen Vertrag anfechten?

168. (97.) Der Zeitungsredakteur X. läßt seinen Mitarbeiter Y. durch seinen Diener bitten, ihm aus seinem Weinkeller 20 Flaschen Champagner zu 10 Mark abzulassen. Y. will es mit X. nicht verderben und sendet ihm nur 15 Flaschen zu dem bestimmten Preise um nicht der Einrede mangelnder Schriftform des Vertrages zu verfallen, indem er dem Diener erklärt, die übrigen 5 Flaschen wolle er morgen nachsenden. Ist der Vertrag gültig? Ist es von Belang, daß X. nach dem Empfange der 20 Flaschen dem Y. seine Visitenkarte mit der Aufschrift: „Mit bestem Danke" gesendet hat.

169. X. und Y., zwei Angehörige einer Studentenverbindung, beschließen nach zweijährigem gemeinsamen Studium, der erstere von der juristischen zur medizinischen, der andere von der medizinischen zur juristischen Fakultät überzutreten und verabreden, die juristische Bibliothek des X., welche etwa 260 Mark wert ist, mit dem Mikroskop des Y. zu vertauschen. Y. hat das Mikroskop bereits dem X. übergeben, die Bücher aber noch nicht abgeholt. Später wird er in seinem Entschlusse wieder schwankend und fragt uns, ob er das Tauschgeschäft rückgängig machen kann. Aber auch X., welcher sich inzwischen mit dem Gedanken vertraut gemacht hat, sich der Theologie zuzuwenden, fragt bei uns an, ob er das Mikroskop zurückgeben und die Bücher dem Antiquar L., der 280 Mark dafür geboten hat, überlassen kann.

170. Die mündlich von dem Theaterdirektor Y. engagierte Primadonna X. wird im zweiten Zwischenakte des Lohengrin durch die Frau des Y. beleidigt, welche aus Eifersucht ihren Gruß nicht erwidert. Die X. verläßt sofort das Theater, ohne ihre Rolle (Elsa) zu Ende zu singen. Welches sind die rechtlichen Folgen dieses Verhaltens?

171. (99.) Vor der schriftlichen Vermietung einer Wohnung wird mündlich verabredet, daß die Miete vierteljährlich im voraus gezahlt werden soll, und hierauf von beiden Kontrahenten ein gedrucktes Formular unterzeichnet, das die Worte enthält: „Der Mietszins wird postnumerando gezahlt." Außerdem war vorher verabredet worden, daß das Haus vor dem Beginne der Mietszeit vom Vermieter mit Wasserleitung zu versehen wäre, eine Abrede, die der Terrainverhältnisse wegen nicht erfüllbar war. Sind die beiden Nebenabreden von Bedeutung?

172. (100.) Der Hauswirt des X. bittet diesen, ihm sein Exemplar des Mietsvertrages für einige Augenblicke zu überlassen, da er das seinige verlegt habe. X. geht hierauf ein. Eine Stunde später schreibt ihm der Wirt, leider sei seine Frau der geliehenen Urkunde mit der Kaffeemaschine zu nahe gekommen, während er sie gelesen habe, so daß sie verbrannt sei. Zugleich kündigt er die Wohnung zum nächsten Vierteljahre, obwohl der Vertrag ihm jede Kündigung für drei Jahre verwehrt hatte. Wie kann sich X. hingegen schützen?

173. (101.) Der Kaufmann X. hat sich durch Postkarte einen Theaterplatz für drei Mark bestellt und, nachdem ihm hierzu von der Theaterkasse die Ermächtigung erteilt war, das Billet abgeholt. Nachher schickt er es der Kasse durch seinen Handlungsdiener zurück mit dem Bemerken, daß er sich das Geld des Abends an der Kasse abholen werde. Des Abends findet er das Haus ausverkauft. Er nimmt die drei Mark unter Protest in Empfang, beschwert sich aber bei der Theaterdirektion darüber, daß der Kassierer sein Billet verkauft habe, da der schriftliche Erwerb des Billets nur schriftlich habe aufgehoben werden dürfen. Der Theaterdirektor wünscht eine Auskunft über diesen Fall, um den Kassierer danach für künftige ähnliche Fälle zu instruieren.

174. (102. 103.) Der hierselbst wohnende, nach dem §. 180 des Reichsstrafgesetzbuches wiederholt verurteilte fünfundfünfzigjährige Schankwirt X. will vor dem hiesigen Amtsgerichte drei Mädchen im Alter von 11, 12 und 13 Jahren an Kindesstatt annehmen. Der in Hamburg wohnende, mehrfach vorbestrafte Vater der drei Mädchen, welcher gleichfalls an der Gerichtsstätte erscheint, erweckt den Verdacht, von X. durch Geldgeschenke zu dem Geschäfte bestimmt zu sein. Muß der Richter den Vertrag aufnehmen? Kann er verlangen, daß die Kinder vor Gericht erscheinen? Kann X. sich an das Hamburger Gericht wenden? Würde ein solcher Vertrag von Y. später angefochten werden können, weil ein Irrtum über das Vorleben des X. auf seiner Seite vorgelegen hat?

175. Ein des Deutschen unkundiger blinder französischer Sprachlehrer will sich hierselbst eine Wohnung mieten. In welcher Form muß dies geschehen?

176. Der Inspektor X. pachtet ein Landgut auf ein halbes Jahr für 500 Mark. Welche Geschäftsform ist erforderlich?

177. (104.) Der studiosus med. X. will sich einen Scherz mit seinem Hauswirte machen, der ihn wegen einer eingebildeten Krankheit konsultiert, und verordnet ihm einige Blutegel. Kann der Wirt nach Aufklärung des Sachverhaltes auf Ersatz des Kaufpreises der Egel klagen?

178. Der Lotteriekollekteur X. läßt sein Haus, um es seinen Gläubigern zu entziehen, dem Agenten Y. auf mit der geheimen Abrede, daß es ihm später zurückübertragen werden soll. Y. verkauft das Haus betrügerischerweise an seinen Bruder, den Kohlenhändler Z., und läßt es ihm auf. Kann X. das Geschäft durch den Nachweis der Unredlichkeit des Z. anfechten? Können seine Gläubiger es thun? Würde der Fall ebenso zu behandeln sein, wenn es sich nicht um ein Haus, sondern um Wertpapiere oder um einen Brillantschmuck gehandelt hätte?

179. (105.) Der Architekt X. mietete im Hinblicke auf seine bevorstehende Hochzeit eine Wohnung auf den 1. April. Infolge einer heftigen Eifersuchtsscene wird die Verlobung kurz vor der Hochzeit aufgelöst. Bleibt der Vertrag bestehen?

180. (106.) X. verkauft sein Gut brieflich für 200 000 Mark an Y. mit der Bestimmung, daß der Vertrag notariell aufgenommen werden soll. Nachher verweigert Y. die notarielle Aufnahme, da er übervorteilt zu sein behauptet. Kann X. direkt, die Auflassung anbietend, auf den Kaufpreis klagen?

181. Der Baumeister X. verkauft sein Haus an Y. mit der Abrede, daß der Verkäufer es gegen eine besondere, noch festzusetzende Vergütung abputzen soll. Über diese Vergütung kann eine Einigung später nicht erzielt werden. Y. fragt, ob er unter solchen Umständen noch an den Kaufvertrag gebunden ist.

182. (107.) Der Handlungsgehilfe X. bietet sich dem Kaufmann Y. als Prokurist an, indem er bittet, ihm binnen acht Tagen zu antworten. Y. antwortet ihm schon nach drei Tagen. X. hat sich inzwischen schon anderweitig gebunden. Kann Y. klagen?

183. Der Architekt X. erbietet sich der Stadt gegenüber schriftlich, den Bau eines in Aussicht genommenen Schulhauses für ein Fixum von 12000 Mark zu leiten. Da er bald darauf sich wegen eines Streites über die Höhe seiner Einkommensteuer mit den städtischen Behörden überwirft, so würdigen ihn diese keiner Antwort. Er fragt bei uns an, ob er durch sein Anerbieten in irgend welcher Weise gebunden ist, und auf wie lange Zeit.

184. X. bietet dem Y. sein Reitpferd für 400 Mark durch Postkarte an. Y. antwortet umgehend; da er jedoch den Brief aus Zerstreutheit nach Berlin statt hierher adressiert, so kommt dieser erst nach drei Tagen in die Hände des X. Ist der Vertrag zustande gekommen?

185. Wie ist dieser Fall (184) zu entscheiden, wenn derselbe Brief im Kasten sich in eine Zeitung hineingeschoben hat und mit derselben nach London gegangen und darum erst nach zwei Wochen an X. gekommen ist? Es ist dabei vorauszusetzen, daß in der Zwischenzeit das Pferd von X. an den Reserveleutnant

Z. für 500 Mark und von Y. an den Kunstreiter V. für 450 Mark weiter veräußert worden ist.

185a. Der Gutsbesitzer X. bietet dem Y. eine Gärtnerstelle an. Bei dem Eingange dieses Anerbietens ist Y. mit Hinterlassung eines einzigen Erben, seines gleichfalls in der Gartenkunst ausgebildeten Sohnes verstorben. Darf letzterer das Anerbieten für sich annehmen?

186. (108. 109.) Der Graf X. verkauft durch notariellen Vertrag sein Gut „nebst dem Mobiliar des Schlosses" für 600 000 Mark. Er hatte vorher, als ihm der Vertragsentwurf vorgelegt wurde, die Ansicht ausgesprochen, daß die im Schlosse befindlichen Bilder nicht mit zu dem Mobiliar gehören, und dabei angeordnet, daß die Worte: „nebst dem Mobiliar des Schlosses" aus dem Vertrage gestrichen werden sollten. Durch ein Versehen des Schreibers seines Notars wurden sie trotzdem in die Vertragsurkunde aufgenommen, welche X. demnächst unterschrieb, ohne ihren Inhalt näher zu prüfen. Ist sein Irrtum erheblich?

187. Die Eisenbahn erläßt ein neues Betriebsreglement, welches am 1. April im Bahnhofe angeschlagen wird. Dasselbe verbietet den bisher erlaubten Verkauf von Retourbillets. X. löst sich ein Retourbillet, liest demnächst das neue Reglement und verlangt nunmehr, daß ihm das Billet gegen Rückerstattung des Preises wiedergegeben wird, weil er bei seinem Ankaufe die neue Vorschrift nicht gekannt habe. Ist dies Verlangen ein berechtigtes?

188. Der Antiquitätenhändler X. besitzt einen Kassenschrank, welchen er als Erbstück um keinen Preis feil geben will. Eines Tages erscheint in seinem Laden ein Herr, hinsichtlich dessen ihm ein zufällig anwesender Freund zuflüstert, daß er der Hofmarschall

Graf Y sei. Dieser bietet ihm für den Schrank 800 Mark. X. geht sofort auf dieses Geschäft ein, weil er dadurch der Erreichung des von ihm erwünschten Hoflieferantentitels näher zu kommen hofft. Später erfährt er, daß der Käufer der Tapezierer Z. war. Ist es für die Anfechtung des Geschäftes von Bedeutung, daß X. den Z. wiederholt mit „Excellenz" tituliert hat, ohne daß dieser Widerspruch erhob?

189. X. besitzt auf seinem Gute zwei Lehmgruben, von denen die eine im Walde, die andere auf freiem Felde liegt. Letztere ist ihm für seine Ziegelei unentbehrlich, die erstere verpachtet er für 10 Jahre an die Aktiengesellschaft für Thonwarenfabrikation Prometheus. Durch einen Irrtum seines Inspektors wird den Vertretern der Fabrik die falsche Grube überwiesen. Aus dem Lehme derselben werden tausend Brunnenröhren verfertigt, von denen etwa hundert noch nicht gebrannt sind, als der Prometheus plötzlich in Konkurs verfällt. Kann X. die Röhren aus der Masse herausziehen, insbesondere das Brennen der hundert Röhren durch einstweilige richterliche Verfügung verhindern?

190. X. verlangt bei einem Kunsthändler den Mandelschen Stich der Sixtinischen Madonna, welcher gestern im Schaufenster gehangen habe. Y. legt ihm hierauf ein anderes Exemplar desselben Werkes vor, welches X. bezahlt und mit sich nimmt. Kann er dies Geschäft anfechten oder den von ihm bezeichneten Stich verlangen? Kommt es darauf an, ob einer der Kupferstiche ein sogen. Stich avant la lettre war? Kann auch der Kunsthändler das Geschäft anfechten?

191. Der Theaterdirektor X. engagiert die Bertha Y. brieflich als Statistin für ein in Scene zu setzendes dramatisches Feenmärchen, nachdem er ihre Photographie in dem Album einer ihrer

Freundinnen gesehen hatte. Später stellt sich heraus, daß das Bild schon vor 8 Jahren angefertigt war, bevor die Y. durch eine heftige Erkältung sich die Lähmung eines Gesichtsmuskels und eine auffallende Magerkeit zugezogen hatte. Er verweigert die Gage und wird verklagt. Sein Rechtsanwalt behauptet, daß aus dem bei der Klägerin seit der Anfertigung des Bildes eingetretenen Stoffwechsel das Vorhandensein eines error in substantia folge. Ist dies richtig?

192. Die X.'sche Regierung beruft den Ophthalmologen Friedrich Y. statt des gleichnamigen Juristen Wilhelm Y. infolge einer unrichtigen Angabe des Vornamens auf der Briefadresse nach der Universität B. Der erstere lehnt infolgedessen einen anderweitigen Ruf ab und verlangt nunmehr Vertragserfüllung oder Entschädigung, da der vorgefallene Irrtum im Hinblicke auf die Berühmtheit der beiden Gelehrten ein unentschuldbarer sei.

193. (110.) Der Agent Z. verleitet den General Y. zu dem Ankaufe eines Hauses, indem er die wahre Tatsache, daß sich in demselben der Schwamm gezeigt hatte, auf Befragen wissentlich verneint, um die Mäklergebühr zu erhalten. Sein Auftraggeber, der Rentier X., weiß von dem Betruge nichts. Ist das Geschäft anfechtbar?

194. Die verwitwete Frau Justizrat X. will auf ein Jahr nach Italien gehen und vermietet deshalb ihr Landhaus vom 1. Oktober 1887 bis zum 1. Oktober 1888. Der Mieter Y. bewegt durch Bestechung ihren Gärtner dazu, eine ansteckende Krankheit zu simulieren; dadurch sieht sich die Frau X. veranlaßt, aus Furcht vor Ansteckung schon früher abzureisen. Sie vermietet dem Y. auf seinen Wunsch das Haus schon vom 1. Juli 1887 ab durch schriftlichen Vertrag. Kurz vor der Abreise wird der

Betrug entdeckt. Sie fragt, ob sie noch an einen der beiden Verträge gebunden ist?

195. Bei der Gründung einer Schwefelätherfabrik werden mehrere Aktionäre dadurch zur Zeichnung verleitet, daß ihnen durch jährlichen Prospekt vorgespiegelt wird, der bisherige Fabrikherr habe jährlich 150 000 Mark eingenommen, während die wahre Einnahme nur 50 000 Mark betrug. Sind sie an ihre Zeichnungen gebunden?

196. (111.) Bei dem Amtsgerichte läuft folgendes Schriftstück ein: „Der Bauer X. zeigt hierdurch an, daß ihm gestern, als er sinnlos betrunken war, von dem Hausierer J. ein Vertrag zur Unterschrift vorgelegt worden ist, welchen er unterzeichnet hat, ohne seinen Inhalt zu kennen." Die Eingabe enthält statt der Unterschrift drei Kreuze. Wie ist hierauf zu verfügen?

197. (112.) Der Referendar X. kauft auf der Rückkehr von einer Badereise nach Norderney in Bremen ein Los in der dortigen Lotterie und giebt dem Kollekteur Y. seinen Namen und seine Adresse an. Auf das Los fällt ein Gewinn von 100 000 Mark. Y. verlangt von X., daß dieser ihm das Los unentgeltlich überlasse, widrigenfalls er ihn bei der Staatsanwaltschaft wegen Spielens in einer auswärtigen Lotterie anzeigen werde. X. sieht seine Beamtenlaufbahn gefährdet und überläßt dem Y. das Los. Da inzwischen die Strafverfolgung verjährt ist, auch X., nachdem er die Tochter eines Gutsbesitzers geheiratet hatte, sich der Landwirtschaft zugewendet hat, so wirft er sich die Frage auf, ob er nicht imstande sei dem Y. seine Beute wieder abzujagen. Wie wäre derselbe Fall zu behandeln, wenn Y. mit einer Denunziation des X. nicht bei der Behörde, sondern bei dessen Vater, dem Superintendenten X., einem grundsätzlichen

Gegner des Lotteriewesens, gedroht hätte und X. dadurch eingeschüchtert worden wäre?

197a. (113.) Der Kaufmann X. hat einen Mietsvertrag mit Y. in dessen Abwesenheit bereits unterschrieben, will ihn jedoch nicht früher an Y. senden, als bis seine zufällig vom Hause abwesende Frau ihm zugestimmt hat. Durch ein Versehen seines Dienstmädchens wird der Vertrag in die Mappe für auszutragende Sachen gelegt und dem Y. durch V., den Bureaudiener des X., übergeben. Dieser hält den X. an dem Vertrage fest. Kann X. einwenden, daß V. keine schriftliche Vollmacht zur Aushändigung des Vertrages gehabt habe?

198. Der Rittergutsbesitzer Graf Y. auf B. schreibt dem Schulrate X. in A.: „Ich würde Ihnen dankbar sein, wenn Sie über den Kandidaten Friedrich Z., welcher sich auf eine Zeitungsannonce hin bei mir als Hauslehrer gemeldet hat und in A. kleine Gasse 14, 4 Treppen wohnt, Erkundigungen einziehen, und, falls diese ihm günstig sind, ihn in meinem Namen für 600 Mark jährlich und freie Station engagieren wollten." Der Schulrat erinnert sich einen Kandidaten des genannten Namens als Abiturienten in A. geprüft zu haben. Er wendet sich an den dortigen Gymnasialdirektor V., der dem Friedrich Z. das höchste Lob ausspricht. X. schreibt darauf: „An den Kandidaten Friedrich Z., kl. Gasse 14, 4 Tr. Im Auftrage des Grafen Y. und im Hinblicke auf die mir von Ihrem früheren Gymnasialdirektor V. gegebene günstige Auskunft über Ihre Person engagiere ich Sie hiermit als Hauslehrer auf drei Jahre für 600 Mark jährlich und freie Station." Nach kurzem Aufenthalte in B. machte sich der Adressat dieses Schreibens bei dem Grafen durch Verbreitung sozialistischer Ideen unter den Bauern unbeliebt, und es stellte sich, als er gerade zwei Monate lang dort war, heraus, daß V. einen anderen Candidaten gleichen Namens und Vornamens, welcher gleichfalls in A., jedoch in der großen Gasse 12, 3 Treppen wohnte, im Sinne gehabt hatte. Dieser unterschied sich von dem thatsächlich angenommenen Lehrer — abgesehen von der Namensgleichheit — in jeder Hinsicht, insbesondere durch die Beschaffenheit seiner Zeugnisse zu dessen Nachteile. Kann letzterer entlassen werden? Mit oder ohne Honorarzahlung?

199. Das Dienstmädchen des X. holt bei einem Kaufmann 4 Pfund Zucker mit der Bemerkung, sie werde das Geld am Nachmittage bringen. Für wen sie kontrahiert, giebt sie nicht an. Kann der Kaufmann sie oder ihre Herrschaft auf Zahlung des Preises belangen?

200. Der Schornsteinfeger X. präsentiert eine Jahresrechnung bei dem Schiffskapitän Y. und erfährt, daß dieser vor einigen Tagen abgereist und seinen Freund, den Steuerdirektor Z., brieflich zum Hausverwalter eingesetzt hat. Dieser fragt uns, ob die Bezahlung der Schuld aus älterer Zeit innerhalb der Grenzen seiner Vollmacht liegt.

201. Der Regierungsrat X. befindet sich, um sich von den Folgen eines Lungenleides zu heilen, in Madeira. Inzwischen schreibt ihm seine Frau, daß sich für ihre 23jährige Tochter ein Bewerber gefunden hat. Er ermächtigt seine Frau brieflich, der Ehe in seinem Namen zuzustimmen, wenn sie glaube, daß ihr Kind dadurch glücklich werde. Darf das Aufgebot erfolgen?

202. (114.) X. hat seinem Bruder Y. eine schriftliche Vollmacht erteilt, welche diesen ermächtigt, ihn „in allen Angelegenheiten" zu vertreten. Kurz nach seiner Abreise wird eine Kiste Cigarren, welche X. sich bestellt hatte, in dessen Wohnung abgegeben. Y. nimmt die Cigarren in Empfang und raucht sie selbst. Später verweigert X. deren Bezahlung, weil Y. zu ihrem Empfange nicht bevollmächtigt gewesen sei. Ist dies richtig?

203. Der erkrankte Leutnant X. giebt seinem Burschen einen Zettel mit, in dem die Y.'sche Bibliothek aufgefordert wird, dem Überbringer drei Bände Romanlektüre in seinem Namen zu übergeben. Zugleich verbietet er dem Burschen mündlich, ihm einen Roman von Ebers zu bringen, da er dessen sämtliche Werke bereits wiederholt gelesen habe. Der Bursche, dessen Einsicht von seinem Herrn überschätzt worden war, bringt trotz des erhaltenen Befehles neben zwei Bänden Heyse'scher Novellen die „Uarda" von Ebers. X., der auch in kleinen Dingen die strengste Fühlung mit den Vorschriften des Rechtes zu suchen pflegt, befragt uns, ob er den Mietslohn für die Uarda zahlen muß.

204. Der Professor X. pflegt am ersten Tage eines jeden Vierteljahres sein Gehalt abzuholen und die Quittung, welche er dem Kassenbeamten einhändigen muß, schon am Abende vorher zu unterschreiben. Sein Dienstmädchen, welche am Morgen des ersten April von ihm fortzieht, nimmt eine solche Quittung vom Schreibtische ihres Dienstherrn mit sich, erhebt das Gehalt und verschwindet damit spurlos. Muß die Kasse es zum zweitenmal zahlen?

205. Der Rentier X. beauftragt, kurz bevor er in der hiesigen chirurgischen Klinik an den Folgen einer Operation stirbt, den Krankenwärter Y., für ihn ein Begräbnis erster Klasse bei der hiesigen Beerdigungsanstalt für 200 Mark zu bestellen. Sein Erbe, der Gemüsehändler Z., will dies später nicht anerkennen, weil nach seiner Meinung ein Begräbnis zweiter Klasse für 150 Mark genügt hätte. Kann er verklagt werden?

206. Der hierher berufene Gartendirektor X. sendet seinen Sohn A. mit schriftlicher Vollmacht hierher, damit dieser ihm eine Wohnung mietet. A. schließt den Vertrag im Hause des Vermieters um 3 Uhr ab. Um $^1/_2$3 Uhr war für ihn in seinem Hotel ein Telegramm des folgenden Inhaltes abgegeben worden: „Unterlasse den Vertragsabschluß. X.", doch findet er dasselbe zu spät vor, weil er von 2—3 Uhr einen Spaziergang gemacht hatte und nach demselben nicht mehr in das Hotel zurückgekehrt war. Ist der Vertrag gültig?

207. Der Landrat X. entläßt seinen Diener wegen Unterschlagung. Derselbe entnimmt noch eine Zeit lang, wie er es seit Jahren gethan, im Namen seines bisherigen Herrn bei dem Kaufmanne Y. von Zeit zu Zeit Cigarren und verbraucht sie für sich selbst. Muß X. diese Cigarren bezahlen?

208. (115.) Das X.'sche Ehepaar abonniert sich, um sein kleines Kind mit der Flasche aufzuziehen, für sechs Monate auf frische Kuhmilch bei dem Gutsinspektor Y., der von seinem Herrn mündlich angestellt war. Ist dieser Vertrag gültig? Kann auch die Frau allein aus demselben verklagt werden?

209. (116.) Der Referendar X. kauft bei dem Antiquar Y. für seinen auf drei Tage verreisten Verwandten, den Landgerichtsrat Z., welcher schon seit langer Zeit Seuffert's Kommentar zur Reichscivilprozeßordnung zum Preise von etwa zehn Mark sucht, dieses Werk für neun Mark, ohne hierzu bevollmächtigt zu sein. Y. bittet am folgenden Tage den X., ihn von diesem Geschäfte zu entbinden, da der Rechtskandidat V. zwölf Mark für dasselbe geboten habe. X. verweigert dies, da er weiß, wieviel seinem Verwandten an dem gesuchten Werke liegt. Nunmehr kehrt Z. zurück und lehnt das Geschäft ab, da er dasselbe Buch inzwischen außerhalb durch einen Gelegenheitskauf erworben hatte. Unterdessen hat sich auch V. bereits an anderer Stelle das Buch verschafft. Kann Y. klagen? Kommt es darauf an, ob X. der Vetter oder der Neffe des Z. ist?

210. Frau Baronin X. fragt uns, ob sie jetzt, während ihr Gatte gerade auf der Jagd ist, ohne dessen Vollmacht einen Diener engagieren kann.

211. (117.) X. bestellt zur Feier des bestandenen Referendarexamens ein Diner für sechs Personen, das Couvert zu vier Mark bei dem Restaurateur Y. auf den Sonnabend. Am Freitag macht er von seinem Rechte, den Vertrag zu erläutern, in der Weise Gebrauch, daß er ein Menu aufstellt, welches dem Y. zu kostspielig erscheint, um für den festgesetzten Preis geliefert werden zu können. Darf X. auf seiner Anordnung bestehen?

212. Der Bauer X. verkauft sein Gut an den Großknecht Y. durch gerichtlichen Vertrag, indem er mit Y. ein lithographiertes Formular unterschreibt, welches die Worte enthält: „Die Kontrahenten renunziieren auf rescissio negotii propter laesionen enormem.“ X. will das Geschäft wegen Übervorteilung anfechten. Sein Rechtsanwalt behauptet, X. habe den Sinn der mitgeteilten Vertragsstelle nicht verstanden, und schiebt dem Y. den Eid darüber zu, daß sie auch ihm völlig unverständlich geblieben sei. Wie ist zu entscheiden?

213. (118.) Das Möbeltransportgeschäft X. & Co. verspricht dem Baumeister Y., alle Gefahr seines Umzuges von Berlin hierher ausnahmslos zu tragen. Sie befragt uns, ob sich dies Versprechen auch darauf bezieht, daß, wie thatsächlich geschehen ist, der Eisenbahnwagen, welcher die Y.'schen Möbel enthielt, dadurch zerstört worden ist, daß ein entsprungener Wahnsinniger eine Melinitbombe gegen den Zug geschleudert hat.

214. Der Kommerzienrat X. verspricht durch gerichtlichen Vertrag dem Bräutigam seiner Nichte, dem Assessor Y., für den neuen Hausstand 100 Prioritätsobligationen der Lahn-Fuldabahn zu schenken. Es existieren von diesen Obligationen zwei Arten, litera A und litera B, welche verschieden im Kurse stehen. Welche von beiden ist er zu leisten verpflichtet?

215. (119.) In der Irrenanstalt pflegen die Kranken in zwei Klassen geteilt zu werden, von denen die erste gegen höhere Verpflegungsgelder besser beköstigt wird, als die zweite. Der geisteskranke Hochofenbesitzer X. bricht aus und veranlaßt durch Erzeugung eines Waldbrandes einen Schaden, welcher den Betrag seines Vermögens erheblich übersteigt. Ist er genötigt in die zweite Klasse der Anstalt hinabzusteigen? Können seine Frau und seine Kinder etwas von seinem Vermögen für sich behalten?

216. Bei einem Volksfeste zieht der betrunkene Handlungslehrling X. den ihm unbekannten Viehknecht Y. an den Haaren. Y. zerschlägt ihm hierauf mit einem kräftigen Stockschlage das Schlüsselbein. Haftet er für die Kurkosten?

217. Der Tertianer X. stößt in ein Billard ein Loch. Sein Vormund verweigert die Bezahlung des Billardüberzuges, weil X. das Billardspiel soeben erst zu lernen beginne und daher für einen derartigen schwer vermeidbaren Unfall nicht verantwortlich zu machen sei. Ist dies richtig?

218. (120.) X. und Y. beerben ihren Onkel, den Buchhändler Z., und übernehmen dessen Geschäft. X. hat die schlechte Gewohnheit, beim Lesen zu essen und dabei die Bücher mit Fettflecken zu versehen, was bei einem Durchblättern seiner Bibliothek leicht zu erweisen ist. Dieser Unart fallen auch einige in dem Handelsgeschäfte verkäufliche Kunstwerke zum Opfer. Y. verlangt, daß X. den Schaden lediglich für seine Rechnung trägt. Dieser lehnt es ab. Ist er dazu berechtigt?

219. Am Adventssonntage entschließt sich der Bäckermeister X. zum erstenmal auf die Jagd zu gehen und verschüttet auf der Treppe seines Hauses den halben Inhalt seines von ihm nicht ordentlich zugeschraubten Pulverhornes. Eine Stunde später wirft der Leutnant Y. an derselben Stelle ein Streichholz fort, mit dem er sich soeben eine Cigarre angezündet hatte. Eine hieraus entstandene Feuersbrunst zerstört das Haus. Muß X. oder Y. den Schaden tragen?

220. X. jagt ohne Jagdschein und tötet mitten in dem Walde, indem er auf ein Reh schießt, einen Holzhauer, der im Busche verborgen seinen Mittagsschlaf hielt. Ist er verpflichtet, dessen Familie zu ernähren?

220. (121.) Der Registrator X. fällt über eine auf der Treppe liegende Katze, während er eine Petroleumlampe in der Hand trägt. Hierdurch entsteht eine Feuersbrunst, welche das Haus, in welchem er als Mieter wohnt, sowie das Nachbarhaus zerstört. Muß er den Wert beider ersetzen?

221. (122.) Der Förster X. sieht, wie ein ihm unbekannter Mann Y. seinen vor einiger Zeit entlaufenen Jagdhund an der Leine führt. Da der Unbekannte ihm jede Auskunft über den

Erwerb des Hundes verweigert, so pfeift er diesem. Der Hund reißt sich los und läuft mit X. in dessen Haus zurück. Y. klagt auf Herausgabe des Hundes. Ist die Klage begründet?

222. Der Stallmeister X. hat dem Gutsbesitzerssohne Y. ein Reitpferd für einige Tage geborgt. Trotz wiederholter Mahnungen giebt Y. es ihm seit drei Wochen nicht zurück. X. überfällt daher mit seinen Knechten den Y., wie dieser gerade an dem Fenster seiner Braut vorüberreitet, fällt dem Pferde in die Zügel, läßt den Y. herunterheben, schwingt sich selbst hinauf und reitet nach Hause. Durch diesen ungewöhnlichen Vorfall entsteht ein großer Auflauf, bei welchem ein Gassenbube aus Übermut eine Fensterscheibe einwirft. Welche rechtlichen Folgen hat das Verhalten des X.?

223. Der Kalkulator X. will für die zweite Hälfte des dritten Vierteljahres in ein Bad reisen und entläßt seine Dienstboten vor der verabredeten Zeit, um das Kostgeld zu sparen. Wie ist diesen zu helfen?

224. (123.) Der achtjährige Sohn des Töpfergesellen X. betritt den Nachbargarten des Commerzienrates Y., um daselbst Äpfel zu stehlen. Z., der Gärtner des Y., ertappt ihn und nimmt ihm seine Mütze weg. Ist Y. verpflichtet, den Vorfall der Behörde anzuzeigen? Ist es von Bedeutung, daß der kleine X., bevor ihm die Mütze entrissen wurde, sich gegen Z. durch wiederholtes Werfen von Äpfeln zu verteidigen gesucht hat?

225. (124.) Der Justizrat X. hat aus einer Nachlaßmasse vor etwa 31 Jahren ein Bild von Kaspar Netscher gekauft und es seitdem besessen. Er übergiebt es dem Kunsthändler Y. zur Reinigung, welcher entdeckt, daß das Bild in seinem Laden vor etwa 32 Jahren gestohlen worden ist. Muß er es wieder herausgeben? Darf er es zurückverlangen, wenn er es herausgegeben hat?

226. Am 1. Januar wird dem Litteraten X. seine Wohnung zum nächsten Quartal gekündigt. X. hat die Vertragsurkunde verlegt, glaubt aber durch Zeugen nachweisen zu können, daß sie die Festsetzung einer mindestens halbjährigen Kündigungsfrist enthielt. Er will sich von seinem Rechte nichts vergeben, andererseits aber auch nicht am 1. April obdachlos auf die Straße gesetzt werden. Er fragt uns, wie ihm am besten zu helfen ist.

227. (125.) Y. verkauft sein Rittergut A. mit Schloß und Dienerschaft an X. für 500 000 Mark. Der Rechtsanwalt des X. bezeichnet dies Geschäft, soweit es sich auf die Dienstboten bezieht, als ein Eintreten des Käufers in die Verträge, welche Y. mit seinen Dienern geschlossen hatte. Y. hält diesen Teil des Geschäftes für rechtlich völlig ungültig und verlangt von den Dienern, daß sie ihren Vertrag auf seinem neu erworbenen Gute B. erfüllen. Die Dienerschaft ist damit einverstanden, will sich jedoch in keinem Falle auf einen Prozeß einlassen. Kann Y. gegen X. auf Anerkennung seiner Rechte klagen?

Gesetzt, daß X. den Prozeß gewinnt und durch die Unvorsichtigkeit eines Küchenmädchens einen Brandschaden erleidet, kann er dann gegen Y. mit der Behauptung klagen, daß dieser deren Gewohnheit, mit dem Feuer leichtsinnig umzugehen, gekannt und ihn nicht gewarnt habe?

228. Der Waldeigentümer X. klagt wegen entwendeter Bäume auf Schadensersatz und Geldstrafe. Ist dies zulässig?

229. Der Privatdocent X. verspricht der Y.'schen Verlagsbuchhandlung bis zum ersten Oktober eine Schrift mit dem Titel:

„Widerlegung der Kant'schen Lehre von der Idealität der Zeit und des Raumes" für ein bestimmtes Honorar. Am 15. September erklärt er, sein Versprechen nicht erfüllen zu können, da er sich zuguterletzt davon überzeugt habe, daß Kant in der Hauptsache doch recht habe. Y. hat die Schrift bereits angezeigt und mehrfache Bestellungen entgegengenommen. Muß X. ihn dafür schadlos halten?

230. (126.) Der Apotheker X. klagt gegen seine Nachbarin, das Fräulein Y., weil diese auf eine ihm gehörige Grenzmauer Blumentöpfe stellt. Reicht diese Behauptung dazu aus, die Klage zu begründen?

231. Die verwitwete Frau Majorin X. vermietet dem Pastor Y. die Mitbenutzung ihres Gartens. Diese wird jedoch dem Y. nach dessen Behauptung durch eine Ulmer Dogge verleidet, welche der Frau X. gehört und ihn jedesmal, sobald er den Garten betritt, durch heftiges Bellen fortscheucht. Frau X. behauptet, daß ihr Hund niemals bellt. Wen trifft die Beweislast?

232. (127.) Der Referendar X., welcher ein minderjähriger Haussohn ist, bestellt sich zur Antrittsvisite bei seinen Vorgesetzten einen neuen Frack. Da ihm derselbe nicht gefällt, so verweigert er seine Annahme. Er wird auf Abnahme und Bezahlung verklagt und widerspricht dem Antrage lediglich deshalb, weil ihm der Frack nicht passe, ohne sich auf seine vom Kläger zufälligerweise erwähnte Hauskindschaft oder auf seine gerichtskundige Minderjährigkeit zu berufen. Die vernommenen Sachverständigen erklären den Sitz des Frackes für tadellos. Wie ist zu entscheiden?

233. (128.) Der Kandidat X. ist beim Frühschoppen sinnlos betrunken beobachtet worden. Er beruft sich später hierauf, um die Abnahme eines Anzuges abzulehnen, welchen er am Nachmittage desselben Tages gegen 5 Uhr bei dem Schneider Y. für einen ungebührlich hohen Preis bestellt hat. Ist dies zulässig?

234. Fräulein X. will ein Hochzeitsgeschenk machen und läßt sich deshalb in einem Porzellanladen mehrere Vasen zur Auswahl vorzeigen. Da ihr keine der vorhandenen gefällt, so verläßt die Verkäuferin den Laden, um aus dem Magazine neue Muster herbeizuholen. Als sie zurückkehrt, findet sie eine der Vasen, welche vorher auf dem Ladentische standen, zerbrochen am Boden liegen. Fräulein X. behauptet, die Vase sei „von selbst" hinuntergefallen. Muß sie dieselbe bezahlen?

235. Einem Soldaten der zum Manöver ausrückenden Truppen reicht, als einen Augenblick Halt gemacht wird, eine Frau aus dem Volke ein Glas Milch. Er trinkt es aus und verweigert die nachher von ihm geforderte Bezahlung, weil er die Milch für geschenkt gehalten habe. Sein Nachbar im Gliede, der Einjährigfreiwillige studiosus juris Y. meint jedoch, gegen eine solche Annahme spreche eine gesetzliche Vermutung. Ist dies richtig?

236. (130.) Der berühmte Cellovirtuose X. wird von Y. ungegründeterweise auf Herausgabe eines angeblich dem Kläger gehörenden Notenpultes verklagt und gewinnt den Prozeß. Nachher will er wegen Beleidigung gegen den Rechtsanwalt des Y. Klage erheben, weil dieser in seinem Plaidoyer die Worte hatte fallen lassen: „Der Verklagte muß als solcher jedenfalls für einen unredlichen Besitzer des Pultes angesehen werden". War dies eine Beleidigung?

237. Der Student der Medizin X. klagt wider seinen Kommilitonen Y. auf Herausgabe eines Mikroskopes, das dem

X. gestohlen war und von Y. demnächst in gutem Glauben dem Optikus Z. abgekauft worden ist. Am 1. April wurde dem Verklagten die Klage zugestellt; am 14. Mai steht Termin an. Da zerbricht Y. am 12. Mai das Mikroskop durch eine falsche Schraubendrehung, vor der ihn sein Lehrer, Professor V., wiederholt in der Vorlesung gewarnt hatte. Haftet Y., wenn er den Prozeß verliert, auch für diesen Schaden?

238. Die von ihrem Manne, dem Schauspieler X., böslich verlassene und demnächst geschiedene Frau X. klagt auf Ehescheidungsstrafe. Sie stirbt während des Prozesses und wird von ihrem Vater, dem Souffleur Y., beerbt. Kann dieser den Prozeß fortsetzen?

239. (131.) Der Droschkenkutscher X. verlangt vom Ackerbürger Y. die Herausgabe eines dem X. von dem Tagelöhner Z. gestohlenen Pferdes. Da der Bestohlene mit Y. befreundet war, so hatte der Dieb dem Y. vorgespiegelt, das Pferd sei ein gestohlener Postgaul. Kann Y. Ersatz des Erwerbspreises verlangen? Ein zweites, gleichfalls von Z. dem X. gestohlenes, Pferd findet sich bei dem Bruder des Z., dem Pferdehändler Z., welcher der Hehlerei überführt wird. Von welchem Augenblicke an kann X. den durch Abwesenheit des Pferdes ihm entgangenen Geschäftsgewinn ersetzt verlangen?

240. Der Weinhändler X. hat 1884 zu einer Sylvesterbowle 60 Flaschen Wein zu 6 Mark geliefert. Er klagt am 27. Dezember 1886 wider den Besteller und nimmt diese Klage im Hinblicke auf die Zahlungsunfähigkeit des Gegners mit dessen Zustimmung am 7. März 1887 zurück. Kann er sie später mit Aussicht auf Erfolg wiederholen?

241. (132.) Dem Postdirektor X. werden sechs silberne Löffel gestohlen und bei dem Trödler Y. gefunden, welcher hierbei behauptet, daß die bei ihm vorhandenen Löffel andere seien als die gestohlenen. X. klagt deshalb gegen Y. und erhält nach der Klagezustellung, jedoch vor dem mündlichen Termine, einen Brief von dem Verklagten, in welchem dieser dem X. anzeigt, daß er die Löffel an den Goldarbeiter Z. veräußert habe. Was folgt hieraus für die Rechte des X.?

242. (133.) Der Gutsbesitzer X. verkaufte am 3. April 1886 dem Viehhändler Y. eine Ochsenherde für 3000 Mark, welche am 1. Oktober desselben Jahres abgeholt werden sollte. Der Kaufpreis wurde sogleich durch ein Wechselaccept von 3000 Mark, zahlbar am 1. Oktober, dem Lieferungstage, berichtigt. Y. diskontiert den Wechsel für 2925 Mark an den Bankier Z. Bald darauf fällt die ganze Herde infolge einer Lungenseuche. X. löst die Wechsel am 1. Oktober von Z. ein und verlangt klagend von Y. 3000 Mk. Y. wendet ein, daß er zu nichts verpflichtet sei, höchstens aber 2925 Mark zu zahlen brauche, da ja auch X. inzwischen den Zinsgewinn des Kaufpreises genossen habe. Überdies habe er zwischen der Klagzustellung und dem ersten Termine sein ganzes Geld durch eine Börsenspekulation verloren. Ist es von Belang, daß Y. die Herde für 2500 Mark versichert und diese Summe von der Versicherungsgesellschaft erhalten hat?

243. (134.) Der Schlächtermeister X. ist zu einer Ehescheidungsstrafe von 4000 Mark durch Reichsgerichtsurteil vom 11. April verurteilt. Ehe das Urteil zugestellt wird, stirbt die Frau X. und wird von ihrer einzigen Schwester beerbt. Kann diese die Strafe beitreiben?

kommt es darauf an, ob das Reichsgericht das Oberlandesgerichtsurteil bestätigt oder abgeändert hat?

244. (135.) Der Friseur X. ist verurteilt seinem Geschäftsvorgänger den ihm kreditierten Kaufpreis für das Ladeninventar mit 600 Mark und 5 % Zinsen vom 1. Januar 1887 zu zahlen. Das Urteil ist am 1. Oktober 1887 rechtskräftig geworden. X. fragt uns am 1. Januar 1888, wieviel er jetzt zahlen muß, um die drohende Zwangsvollstreckung abzuwenden?

245. (135.) Vor etwa 40 Jahren erstritt die jüngere Linie des gräflichen Geschlechtes X. gegenüber der älteren das Eigentum an der Herrschaft B. Durch eine Heirat, welche damals zwischen Angehörigen der beiden Linien abgeschlossen wurde, kam es dahin, daß dieses Urteil nicht vollstreckt wurde, ohne daß jedoch die Angehörigen der jüngeren, siegreichen Linie jemals auf ihre Rechte verzichteten. Da nunmehr zwischen den beiden Linien ein neues Zerwürfnis entsteht, so fragt der einzige Sproß der jüngeren, Graf Ernst X., bei uns an, ob er noch in der Lage sei, auf Vollstreckung des erwähnten Urteiles zu klagen?

246. (136. **137.**) Der wegen Unterschlagung aus dem Handelsgeschäfte X. & Y. von X. entlassene Kommis Z. teilt dem Y. aus Rache mit, daß X. am 1. April 1886 aus der Geschäftskasse heimlich tausend Mark genommen und seinem Vetter, dem Restaurateur B., geborgt hat. X. bestreitet dies; da jedoch in der That bei dem Rechnungsabschlusse für 1886 sich bedeutende unerklärliche Defekte in dem Geschäftsvermögen herausgestellt hatten, so klagt Y. gegen X. auf Rückgabe der entnommenen Summe in die gemeinschaftliche Kasse. Er verliert den Prozeß, da während desselben sein Zeuge Z. plötzlich nach Australien abreist. Später stellt sich durch Mitteilungen eines anderen Kommis W. heraus, daß X. in der That zu dem erwähnten Zwecke Geld entnommen hatte, jedoch nicht am 1. April, sondern am 11., auch nicht tausend, sondern zweitausend Mark. Y. fragt, ob das inzwischen rechtskräftig gewordene Urteil des erwähnten Prozesses einer erneuten Klage von seiner Seite entgegenstehe.

247. Der Studiosus X. hat von seinem Freunde Z., dem Neffen des Antiquars Y., 100 Mark geborgt. Da Y. gestorben und von Z. beerbt worden ist, so verweigert X. die Rückzahlung des Darlehns und verlangt sogar noch weitere 50 Mark, welche ihm Y. aus einem Ankaufe mehrerer Bücher für 150 M. schuldig sei. Da Z. in den Geschäftsbüchern diesen Kauf nicht erwähnt findet, so erkennt er ihn nicht an und wird von X. auf 50 Mark Überschuß des Kaufpreises über das Darlehn verklagt. Er gewinnt den Prozeß, da dem X. seine Beweise mißlingen, und klagt nunmehr auf die 100 Mark. X. bestreitet den Darlehnsempfang. Z. fragt uns, ob er sich hiergegen auf das frühere Urteil berufen kann.

248. Der Rückkaufshändler X. hat auf ein Paar Beinkleider, die ihm zum Pfande gegeben wurden, dem Tischlergesellen Y. vier Mark geborgt. Er klagt deshalb gegen Y. auf diese Summe. Durch ein Versehen seines Rechtsanwaltes, der, von der Sorge um größere Streitgegenstände bedrängt, dieser kleinen Sache nicht die pflichtschuldige Aufmerksamkeit geschenkt hatte, wird der Termin versäumt, die Klage abgewiesen und auch der hiergegen gerichtete Einspruch zu spät erhoben. Y. klagt nunmehr auf Herausgabe der Beinkleider gegen X. Dieser will einredeweise seine Darlehnsforderung beweisen. Ist dies noch zulässig?

249. Der Rittergutsbesitzer X., der im hiesigen Bezirke wohnt und in B. eine Spiritusbrennerei besitzt, wird in letzterem Orte verurteilt, dem Böttchermeister Y. für gelieferte Faßreifen 200 Mark zu zahlen. Kurz nachher erhebt Y. im hiesigen Bezirke nochmals wegen derselben Sache Klage. X. protestiert hiergegen, weil er eine doppelte Zwangsvollstreckung befürchtet. Der Referendarius K., welcher den Rechtsanwalt des Y. vertritt, bemerkt jedoch, es sei einer der erfreulichsten Fortschritte des deutschen Rechtes gegenüber dem römischen, daß man wegen derselben Sache mehrmals klagen kann. Ist dies richtig?

250. (138.) Der Majoratsherr Graf Adalbert X. wird von seinem jüngeren Bruder Graf Kuno X. mit der Behauptung verklagt, daß er ein untergeschobenes Kind und deshalb verpflichtet sei, das Majorat dem Kläger herauszugeben. Im Termine überreicht ein gräflich X.'scher Diener ein Schreiben des Verklagten, in welchem die Mitteilung steht, daß es für den Verklagten nach dessen Meinung unter seiner Würde sei, auf die elenden Verleumdungen des Klägers auch nur ein Wort zu erwidern. Es erfolgt hierauf Versäumnisurteil und, da ein Einspruch nicht eingelegt wird, eine zwangsweise Einweisung des Klägers in das Familiengut. Graf Adalbert X. ist hierdurch mit seiner ganzen Familie, auch mit seiner einzigen Schwester Hildegard, welche bei dem Grafen Kuno wohnt, zerfallen, und will, um sich zu rächen, sein von seiner verstorbenen Gattin ererbtes bedeutendes Vermögen testamentarisch einer Pariser Chansonettensängerin, deren Ruf weitverbreitet, jedoch nicht gut ist, zuwenden. Er fragt, ob seine Schwester in der Lage sein würde, diese Verfügung anfechten zu können.

252. Der Althändler X. kauft sich einen Bauplatz, auf

dem eine ihm sehr lästige Wegegerechtigkeit zu Gunsten des benachbarten Bauern Y. ruht. Letzterer wird von den beiden Kindern seiner verstorbenen Schwestern und fünf Söhnen seines verstorbenen Bruders beerbt, von denen der älteste soeben eine Zuchthausstrafe wegen Meineides verbüßt hatte. Dieser letztere klagt in Frankfurt a./M. auf Anerkennung der Gerechtigkeit vor dem dortigen Gerichte, welches auf Grund einer schriftlichen Vereinbarung zuständig war. Er wird rechtskräftig abgewiesen, da er nicht erscheint und keinen Einspruch erhebt. Nun macht X. hierselbst die Freiheit seines Eigentumes auch gegen die übrigen Erben seines früheren Nachbars gelten und widerspricht jeder Beweiserhebung über dessen Recht. Die Verklagten vermuten, daß ihr Miterbe von X. bestochen war, ohne es beweisen zu können. Ist ihnen zu helfen?

253. Der Oberst X. ist zur Wiederherstellung seiner Gesundheit auf ein Jahr nach Meran beurlaubt und vermietet für diese Zeit sein Haus mit Hof und Garten an den Hauptmann Y. Nach einigen Wochen schreibt letzterer nach Meran, daß ein Nachbar des X., der Tischlermeister Z., sich unterstehe auf dem X.'schen Hofe trotz wiederholten Verbotes Wasser zu holen und sogar deshalb wider ihn, Y., Klage erhoben habe, gegen welche die Interessen des Herrn Oberst zu vertreten er sich zum Vergnügen anrechnen werde. Der Tischlermeister gewinnt den Prozeß, wie Y. behauptet, durch ein Versehen seines Rechtsanwaltes, und, wie der Oberst meint, ohne Grund. Letzterer fragt; ob der Prozeß, an dem er nicht beteiligt gewesen sei, ihn in seinen Rechten geschmälert hat.

254. (140.) In dem Nachlasse des Schriftstellers X., der einige Schulden hinterlassen hat, findet dessen Testamentserbe, der Musiklehrer Y., eine Anzahl Aktien einer ihm unbekannten südamerikanischen Eisenbahn. Er befragt deshalb den im Laden des Bankiers Z. allein anwesenden Lehrling V. nach dem Werte der Aktien, welcher diesen auf etwa 100 000 Mark feststellt. Hocherfreut erklärt Y. dem Hauswirte des Verstorbenen, einem Hauptgläubiger, welchen er bald darauf auf der Straße trifft, die Erbschaft antreten zu wollen. Da augenblicklich Krieg in Sicht ist und die Papiere deshalb schlecht verkäuflich sind, so benützt er ein seiner Frau soeben zurückgezahltes Hypothekenkapital mit ihrer Zustimmung, um zwei Legate zu 20 000 Mark, das eine an die Bayreuther Festspielkasse, das andere an eine frühere Wirtschafterin des Verstorbenen, welche beide ihm von seinem Erblasser mündlich auferlegt waren, auszuzahlen. Einige Monate später stellt sich heraus, daß der Lehrling V., im Lesen des Kurszettels noch ungeübt, in eine falsche Zeile geraten war und deshalb den Wert der Papiere etwa zehnmal so hoch angegeben hatte, als er wirklich betrug. Hiernach erwies sich der dem Y. verbleibende Erbschaftsbestand als stark überschuldet. Y. befragt uns, ob er den Antritt rückgängig machen oder doch wenigstens die Erbschaftsgläubiger an die Vermächtnisnehmer verweisen kann.

255. (141.) Der Sanitätsrat X. schenkte seiner Tochter zu deren zwanzigjährigem Geburtstage zu beliebiger Verwendung zwanzig Mark. Sie glaubte diese Summe nicht besser verwenden zu können, als indem sie einem Unbekannten auf der Promenade einen Seidenpintscher abkaufte, welchen ihr dieser für den genannten Preis anbot. Allein noch am selben Tage stellte eine Gratulantin fest, daß der Hund der Generalin Y. entlaufen und offenbar widerrechtlich verkauft worden war. Ein Freund des

Hauses, der Leutnant Z., stellte überdies die Persönlichkeit des Übelthäters in dem Lampenanzünder V. fest. Der Hund wird der Eigentümerin zugestellt, auf den Wunsch des X. jedoch eine Klage nicht erhoben, weil dieser meint, daß seine Tochter deshalb werde vor Gericht erscheinen müssen, als gerichtlicher Sachverständiger aber die Erfahrung gemacht hat, daß man an Gerichtsstelle leicht wider Willen Dinge zu hören bekommt, welche er für die Ohren seiner Tochter nicht für geeignet hält. Sieben Monate später stirbt X. an den Folgen eines Typhus, den er sich in seiner Berufsthätigkeit zugezogen hat. Nach weiteren vier Monaten entnimmt seine Tochter einem populären Vortrage die Ansicht, daß die Pflicht, seine Rechte durchzukämpfen, nach den heutigen Verhältnissen auch dem weiblichen Geschlechte obliege und da überdies ihr Bräutigam, der Regierungsassessor B., sie versichert, daß die Ansicht ihres verstorbenen Vaters, nach der sie selbst vor Gericht hätte erscheinen müssen, eine rechtsirrtümliche gewesen sei so läßt sie durch einen Rechtsanwalt wegen der zwanzig Mark gegen den V. Klage erheben. V. erhebt den Einwand der Verjährung. Was läßt sich darauf erwidern?

256. (142—144.) Aus einem Grenzstreite über ein Stück Land entsteht zwischen den Bauern X. und Y. ein so heftiger Streit, daß der Pfarrer Z. im Interesse der öffentlichen Moral einen Versöhnungsversuch unternimmt. Er überredet sie, ihm ein Schiedsrichteramt in der Streitsache anzuvertrauen. Als X. seine Ansicht vorgetragen hatte und Y. die seinige äußert, gerät ersterer in solche Wut, daß er fortläuft und die Thür hinter sich zuschlägt. Der Pfarrer ruft ihm durch das Fenster auf die Dorfstraße nach, wenn er nicht zurückkomme, so werde er ohne ihn weiterverhandeln, allein vergeblich. Hierauf entwirft der Pfarrer nach Anhörung des Y. einen Teilungsplan, den er durch Schiedsspruch bestätigt. Er übergiebt eine Abschrift des Planes und des Spruches dem Y. und sendet der vorzeitig fortgelaufenen Partei die andere durch den Küster zu. Erst drei Wochen später erklärt X. dem Pfarrer bei einer gelegentlichen Begegnung, der Schiedsspruch gehe ihn nichts an, und erhebt gegen Y. Klage auf Einräumung des gesamten streitigen Gebietes. Y. beruft sich auf den Schiedsspruch, dessen Anerkennung jedoch der Kläger verweigert. Ist diese Weigerung eine berechtigte?

257. Der Gutsinspektor X. schreibt an den Amtsrichter Z., daß er mit seinem Vetter, dem Tapezierer Y., beim Skatspielen um 20 Mark darüber gewettet habe, daß beim Null die Zehn nicht über den König gehe. Zugleich hätten sie sich vereinigt, daß der Amtsrichter Z. auf Grund seiner höheren wissenschaftlichen Bildung in Verein mit zwei anderen, von Z. zu benennenden Personen die Wette durch Schiedsspruch entscheiden solle. Er bittet den Z., dies zu übernehmen, wozu dieser, da er sich gerade infolge der Geburt eines Sohnes in besonders freudiger Stimmung befindet, sich brieflich bereit erklärt. Am nächsten Tage hat er jedoch Bedenken, weil ihm sein Versprechen nachträglich nicht mit der Würde seines Amtes vereinbar zu sein scheint. Kann er von demselben ohne weiteres zurücktreten?

258. (145—147.) Y. beschwert sich darüber, daß sein Nachbar X., mit dem er verfeindet ist, wiederholt über seinen Privatweg gefahren ist. Er befragt uns, worauf er klagen kann.

259. Am 2. April werden wegen einer Forderung von 311 Mark für genossene Speisen und Getränke auf Antrag des Gastwirtes X. sämtliche Effekten des Operndirektors Y. mit Arrest belegt. Trotzdem versetzt Y. am 5. April eine Partitur des Freischütz und drei Soffiten, Gegenstände, welche sämtlich zu den arrestierten gehören, an den Rückkaufshändler Z. für 30 Mark. Ein Kunstmäcen löst den Y. aus und der Arrest wird am 15. April aufgehoben. Allein schon am 18. April bringt der Hautboist V. wegen einer Honorarforderung von 52 Mark einen neuen Arrest auf sämtliche Effekten des Y. aus und, da er selbst für Y. die Soffiten zu Z. getragen hat und die übrigen Gegenstände zum größten Teile in den letzten beiden Tagen von Y. veräußert sind, so fragt er, ob er nicht auch das Verpfändete mit Beschlag belegen lassen kann.

260. Der Forstmeister X. vermißt seit einigen Tagen seinen Jagdhund. Plötzlich sieht er denselben vor dem Karren des Milchhändlers Y., der ihn von dem Hundezüchter Z. erworben zu haben behauptet und nicht herausgeben will. X. will klagen, befürchtet aber, daß der Hund bei seiner neuen Verwendung in seiner Brauchbarkeit für die Jagd geschädigt werden kann, bis der Prozeß entschieden ist. Wie ist ihm zu helfen?

261. Der Historienmaler X. stirbt ohne Testament. Seine nächsten Verwandten sind drei Großneffen, von denen der eine, Y., ein Enkel seines verstorbenen Bruders, auf der Kunstakademie studiert, während die anderen beiden, V. und Z., von denen jeder der Enkel einer seiner vorverstorbenen Schwestern ist, Schäferknechte sind. Sie treten nach der Beerdigung des X., bei der sie sich zusammenfinden, die Erbschaft an und finden in derselben ein kostbares Gemälde von Andrea del Sarto. Da dessen Farben stark nachgedunkelt sind und sein düsteres Aussehen der Geschmacksrichtung des Z. und des V. widerstrebt, so erklärt Z., daß er es am nächsten Morgen mit Ölfarbe auffrischen wolle, womit trotz des Widerspruches des Y. sich auch V. einverstanden erklärt. Y. ist über dieses Vorhaben untröstlich und fragt, ob ihm nicht durch schleuniges gerichtliches Einschreiten geholfen werden kann.

262. (148.) Der Partikulier X. besitzt eine Villa, deren Garten an den Spielplatz einer Mädchenpension stößt. Mit der Vorsteherin dieses Institutes steht X. auf dem Kriegsfuße, weil von jenem Platze wiederholt aus Ungeschicklichkeit Gummibälle über den Grenzzaun hinübergeworfen wurden und sich seine Familie dadurch in dem ruhigen Genusse des Nachmittagskaffees im Freien gestört sah. Nach wiederholter Mahnung verweigert er endlich die Erlaubnis zur Abholung eines wieder einmal herübergeworfenen Balles. In demselben Hause, in dem sich das Pensionat befindet, wohnen auch zwei Chambregarnisten des Registrators V., die Rechtskandidaten A. und B. Diese sahen, um sich von dem Studium der Besitzlehre zu erholen, dem Ballspiele aus dem Fenster ihres Zimmers zu und suchten den vorher geschilderten Vorfall zu ihrer Belehrung auszubeuten. Sie warfen zunächst die Frage auf, ob die Pensionsvorsteherin wegen Besitzstörung klagen kann. Auch dann, wenn der Ball nicht ihr, sondern ihrem sechsjährigen Zöglinge, der Laura Y., gehörte? Kommt es darauf an, ob, wie A. bemerkt zu haben glaubt, diese sich den Ball von der vierjährigen Tochter des Registrators V. geborgt hat? B. meint, der Ball sei der kleinen V. von der Laura Y. gewaltsam entrissen worden, zweifelt jedoch, ob dieser Umstand eine juristische Bedeutung hat. Zur Vertiefung der vorliegenden Frage wird auch noch der Fall fingiert, daß die Y. der kleinen V. für die Benützung des Balles ein Butterbrot abgetreten hat. Während A. und B. in allen diesen Punkten juristische Zweifel hegen, sind sie doch über eines einig, daß die Pensionsvorsteherin keinesfalls eine Eigentumsklage werde anstellen dürfen, da sie wohl schwerlich den Beweis werde erbringen können, wann und wo der neben vielen anderen ähnlichen Bällen benutzte Ball gekauft oder gar woher er von den früheren Eigentümern erworben worden sei.

Während die beiden also berieten, erledigten die Mädchen, denen es zur richtigen Behandlung des Falles an juristischer Vorbildung fehlte, denselben in der Weise, daß sie den Ball mit einer Bohnenstange an den Zaun heranrollten und durch eine Spalte zurückholten. A. wirft sogleich die Frage auf, ob hierdurch der Nachbar zu einer Besitzstörungsklage berechtigt werde, während B. bei dieser Frage auch noch erwog, wie sie wohl zu beantworten sein würde, wenn X. davon, daß der Ball auf seinem Grundstücke lag, keine Kenntnis gehabt hätte.

X. wendet sich an uns und befragt uns, wie ihm zu helfen ist, um Vorkommnissen der geschilderten Art in Zukunft vorzubeugen.

263. (149.) Der Handlungsgehilfe X. hat seinen Pelz im Sommer im Leihhause versetzt, sieht sich jedoch auch in der kalten Jahreszeit noch nicht in der Lage, ihn einlösen zu können. Er erfährt, daß Y., der Diener des Leihhauses diesen Pelz wiederholt widerrechtlich getragen hat und will direkt gegen Y. wegen Besitzstörung klagen. Kann er dies?

264. Leutnant Z. hat eine Jagd gepachtet und wiederholt ausgeübt, jedoch während der Schonzeit, über deren Beginn er sich irrte. Jetzt erfährt er, daß der Rentier X. dieselbe Jagd widerrechtlich benutzt hat. Er fragt uns, ob er auf Grund seines unerlaubten Jagens wegen Besitzstörung klagen kann.

265. (150.) X. verkauft drei in seinem Hause befindliche Öfen an den Töpfermeister Y. und drei im Garten stehende Bäume an den Sägemühlenbesitzer Z. Die ersteren übergiebt er dadurch, daß er in Gegenwart des Y. mit Kreide darauf schreibt „verkauft“, die letzteren durch Anschlagen der Rinde mit einem Beile. Hiernach verkauft er das Grundstück an S., läßt es ihm gerichtlich auf und verzieht nach außerhalb. Der neue Eigentümer verweigert dem Y. und dem Z. die Herausgabe der gekauften Gegenstände. Kann er von ihnen verklagt werden?

266. (151—153.) Der Galanteriewarenhändler X. besichtigt auf dem hiesigen Jahrmarkte eine Anzahl Galanteriewaren, welche der Kaufmann Y. aus Paris erhalten und in seiner Marktbude verschlossen hat. Zunächst kann er sich zu dem Ankaufe der Waren noch nicht entschließen; am folgenden Tage, einem Sonntage, trifft er jedoch den Y. vor der Kirche, kauft ihm das Warenlager für 2000 Mark ab und händigt ihm den Kaufpreis in Wechselaccepten ein. Zugleich empfängt er von Y. den Schlüssel zu dem Vorlegeschlosse, mit welchem die Marktbude während des Sonntags verschlossen war. Am nächsten Tage fährt X. mit einem Lastwagen vor, um die Waren abzuholen. Er findet die Bude offen und den ihm unbekannten Z. mit dem Verkaufe ihres Inhaltes beschäftigt. Es stellt sich heraus, daß Y., der zwei Schlüssel zu dem Vorlegeschlosse besaß, die Waren zum zweitenmal an Z. verkauft hat und spurlos verschwunden ist. Kann X. die Waren, welche zum Teile sich schon in dem Besitze dritter redlicher Käufer befinden, diesen abverlangen und einen Steckbrief gegen Y. erwirken?

267. Der Hauptmann X., welcher nach B. versetzt war, hatte seine Villa dem pensionierten Forstmeister Y. verkauft und aufgelassen. Am 1. April sollte die Übergabe erfolgen. Am Abende des 31. März erscheint X. bei Y. und teilte ihm mit, daß ihn plötzlich ein Telegramm an das Krankenlager seiner vorausgereisten Frau berufen habe. Mit der Fortschaffung seiner Möbel aus dem verkauften Hause sei soeben ein Transporteur beschäftigt, der nach Beendigung seiner Arbeit noch am selben Abende die Schlüssel dem Y. überbringen werde. Dieser Transporteur wurde erst zur späten Nachtzeit mit seiner Arbeit fertig und da er den Y. nicht in seiner Ruhe stören wollte, jedoch noch während der Nacht abreiste, so ließ er die Schlüssel stecken. Als Y. am nächsten Tage in die Villa kommt, findet er in ihr etwa zwanzig Erdarbeiter, welche an einem nahegelegenen Eisenbahndamme beschäftigt sind und bisher in Baracken wohnten. Diese haben sich in der Villa häuslich eingerichtet, besudeln mit ihren Kochtöpfen den Boden, kochen im Kamin, den sie mit den Fensterkreuzen einheizen, u. dergl. mehr. Sie bestreiten dem Y. das Recht sie hinauszuweisen. Kann Y. wegen Besitzstörung klagen?

268. Der Korvettenkapitän X. hißt in höherem Auftrage an einer erhabenen Stelle des nördlichen Ufers der im Südsee-Archipel belegenen Insel B. die deutsche Flagge auf. Die Insel hat eine Bodenfläche von etwa vier Quadratmeilen und wird durch einen 1000 Fuß hohen Bergzug in zwei Teile geteilt. Darf auf der südlichen Seite des genannten Berges mit Bezug auf das dort belegene Land die englische Flagge aufgehißt werden?

269. Der Rentier X. wird bei unbefugtem Jagen im städtischen Forste vom Förster Y. ertappt und liefert die geschossenen Hasen dem Y. mit dem Bemerken aus, daß er nur für die Stadt gejagt habe, wozu er berechtigt sei. Kann er hierdurch seine Bestrafung abwenden?

270. (154.) X. und Y. sind Mitglieder einer Verbrechergesellschaft. Eines Tages zeigt X. dem Y., der sich bei dem Sturze von einer Leiter einen Beinbruch zugezogen hat und deshalb bettlägerig ist, an, daß er, X., soeben mit frischer Beute aus Frankfurt a. M. angekommen sei und ihm in gewohnter Weise einzelne Stücke aus derselben zu wohlfeilen Preisen überlassen wolle. Insbesondere offeriert er ihm eine goldene Taschenuhr für 4 Mark. Y. sendet den Hausknecht Z., der weder weiß, daß er es mit Verbrechern zu thun hat, noch daß es sich um gestohlene Sachen handelt, und trägt ihm auf, sowohl die Taschenuhr zu einem bereits festgesetzten Preise für ihn zu erwerben, falls sie ihm gefalle, als auch sonst preiswürdige Waren für 3 bis 5 Mark für ihn anzuschaffen. Z. kauft hiernach von X. die Uhr und zwei Petroleumlampen für 3 Mark. Bald darauf werden diese Gegenstände, während Y. wegen eines anderen Frevels inhaftiert ist, von einem unbekannten Diebe aus seiner Wohnung gestohlen und nicht mehr wiedergefunden. In der Untersuchung wider Y. ermittelt die Polizei den oben dargestellten Sachverhalt, und es fragt sich, ob Y., bei dem sich eine Menge baren Geldes unbekannter Herkunft findet, die genannten Gegenstände denjenigen ersetzen muß, welchen sie auf verbrecherische Weise entzogen wurden.

271. Die Schlächterzunft in T., welche aus sieben Meistern besteht, kauft die Gastwirtschaft des soeben verstorbenen X., um sie als Schlachthaus zu verwenden. Als Verkäufer läßt ihr der Konzipient Y. das Grundstück auf, welcher sich durch ein gefälschtes Testament vor dem Grundbuchamte als Alleinerbe des als Eigentümer eingetragenen X. ausweist. Vier der Zunftmitglieder, A., B., C., D., sind mit dem Y. in verbrecherischem Einverständnisse. Der eine der übrigen drei, E., wird, während er bei der Arbeit ist, infolge eines Streites mit A. von diesem durch einen Fußtritt auf die Straße geschleudert. Er will, um Wiederholungen des Vorfalles vorzubeugen, wegen Besitzstörung klagen. Zur selben Zeit wird die Fälschung des Y. entdeckt und dieser verhaftet. E. befragt uns, ob dieser Umstand auf sein Klagerecht irgend welchen Einfluß hat.

272. (155.) Der Förster Y. stirbt nach längerem Leiden am Gehirnschlage. Seine Krankenpflegerin X. lockt seinen Hund an sich und verkauft ihn einem Hundezüchter, der ihn wieder an den studiosus Z. veräußert. Der einzige Sohn und Erbe des Y., der Referendar Y., befragt uns, ob er nicht statt der Eigentums- die Besitzklage gegen Z. anstellen und sich dadurch den Ersatz des von Z. für den Hund gezahlten Preises sparen könne. Ist es von Belang, ob der Hund dem Y. von seinem Kollegen V. nur unter der Bedingung, daß Y. den V. überleben werde, geschenkt war?

273. (157.) Der studiosus juris X. borgt sich das Arndts'sche Pandektenlehrbuch von der Königlichen Bibliothek, da er sein eigenes Exemplar einem Kommilitonen geborgt und es bei dessen Übersiedelung nach Leipzig nicht wiedererhalten hatte. Er entdeckt in dem geliehenen Buche in der Lehre vom Darlehn ein Zeichen seiner Verbindung, welches er früher dort eingezeichnet zu haben sich erinnert, und ermittelt durch Nachfragen, daß das Buch von der Bibliotheksverwaltung aus dem Nachlasse des Rechtskandidaten Y. gekauft ist. Dieser letztere hatte es von dem Stiefelputzer Z. erworben, welcher es hatte an X. zurücktragen sollen, und es in der irrigen Annahme, dieser werde es nicht vermissen, unterschlagen hatte, indem er dem Y. vorspiegelte, es von einem abgereisten Studenten an Zahlungsstatt empfangen zu haben. Hat X. gegen eine etwaige, auf Rückgabe des Buches gerichtete Klage der Königlichen Bibliotheksverwaltung eine Einrede?

274. (158.) Der Graf Bergstein erzählt bei Tische, daß er bei dem Kunsthändler X. ein Bildnis eines Ahnherrn entdeckt habe und wahrscheinlich kaufen werde. Dasselbe rühre von dem berühmten Maler Andreas Schleife her, wie aus einer Inschrift hervorgehe, die sich in gelben Buchstaben an dem unteren Rande des Bildes befindet und wörtlich lautet: COMITI ULRICO BERGSTEIN GRATIAS AGENS D. D. D. LEMNISCUS PICTOR A. D. MDCCX. In der That ergiebt die Familienchronik, daß um diese Zeit ein solches Bild von Schleife dem Ahnherrn des Grafen, der ihn auf seine Kosten hatte nach Italien reisen lassen, aus Dankbarkeit geschenkt worden war. Der Sohn des Grafen, welcher zur Zeit die Rechte studiert, stellt die Ansicht auf, daß sein Vater das Bild ohne jeden Entgelt verlangen kann, da der Stammbaum erweise, daß er der einzige Erbe des Grafen Ulrich sei. Ist dies richtig?

275. (159.) Y., der Nachbar des Rentiers X., hat Äpfel, die auf das Grundstück desselben hinübergefallen waren, durch seine Nichte und sein Dienstmädchen vermittelst zweier Kehrbesen an den Zaun kehren und durch die Sprossen hinüberlangen lassen. Da er verreist ist, so will X. die beiden Mädchen verklagen. Er fragt, ob er dabei auch für zwei durch die Besen zerknickte Blumenstöcke Ersatz verlangen kann. Die beiden Mädchen wollen die Einrede erheben, daß die Stöcke aus dem Y.'schen Garten früher entwendet und in den X.'schen eingepflanzt worden sind. Ist dies möglich?

276. (160.)[1] Der Justizrat X. klagt wider seinen Vermieter, welcher aus Bosheit den Haupthahn der Gasleitung verschlossen hält, deren Benutzung dem Kläger vertragsmäßig eingeräumt und von ihm seit Jahren benutzt war. Der Verklagte erhebt den Einwand der fehlenden schriftlichen Vertragsform. Ist dieser stichhaltig?

277. (161. 162.) Der Bierbrauereibesitzer X. klagt gegen den Cirkusdirektor Y., der auf städtischem Grunde mit obrigkeitlicher Erlaubnis einen Cirkus erbaut, weil ihm durch diesen der Luftzug abgeschnitten werde, der für das Kühlschiff seiner Brauerei notwendig sei. Y. beruft sich auf die Bauerlaubnis und verweist den X. auf eine Klage wider die Stadt. X. widerspricht dem insbesondere deshalb, weil er bereits vor elf Jahren an den Magistrat geschrieben habe, um den nach einer Zeitungsnotiz damals projektierten Bau eines hölzernen Übungsturmes für die städtische Feuerwehr an derselben Stelle, an der jetzt der Cirkus erbaut werde, Widerspruch einzulegen. In der That sei damals der Bau dieses Turmes unterblieben. Wie ist dieser Fall zu beurteilen?

278. (164.) Der Bauergutsbesitzer Friedrich X. fiel 1813 als Kriegsfreiwilliger in der Schlacht bei Leipzig und hinterließ eine Witwe und einen unmündigen Sohn. Dessen Vormund verkaufte zusammen mit der Witwe das X.'sche Grundstück an den Ackerbürger Z., von dem es durch zwei weitere Hände schließlich an den Gärtner Y. kam. Dieser findet bei der Anlegung von Mistbeeten grabend einen Topf mit Thalerstücken, in welchem ein kaum leserlicher Zettel lag, nach dem Friedrich X. das

[1] Vgl. Entsch. des Obertribunales Bd. 10 Nr. 1 S. 97.

Geld vergraben hatte, um es vor den Franzosen zu retten. Da der Barbier des Y. diesen merkwürdigen Vorfall verbreitete, so daß er in die Zeitung kam, so erhielt auch der Steuerinspektor X., der einzige Nachkomme des Friedrich X., von dem Funde Kenntnis. Da Y. diesem den Topf herauszugeben verweigert, so wird er von ihm verklagt. Sein Anwalt wendet ein, daß der Kläger zwar nicht das Eigentum am Topfe durch Verjährung verloren habe, wohl aber das Recht, ihn an sich zu nehmen und deshalb zu klagen. Ist dies richtig?

279. Die Viehversicherungsgesellschaft „Eumäus" bestimmt in ihren Vertragsformularen, daß alle Ansprüche der Versicherten gegen sie nach sechs Monaten ihre Klagbarkeit verlieren sollen. Der Schlächtermeister X. klagt gegen sie auf den Ersatz des Wertes eines an Trichinen gestorbenen Schweines sieben Monate, nachdem es gefallen war, aus einem solchen von beiden Seiten unterschriebenen Formulare. Der Anwalt der verklagten Gesellschaft erhebt den Einwand der Verjährung, derjenige des X. erklärt denselben für unzulässig[1].

280. (165.) Der Bankier X. hat am 2. Juli in der Eisenbahn eine Brieftasche mit etwa 6000 Mark Papiergeld liegen lassen. Der Eisenbahnschaffner Y. findet sie, giebt sie jedoch erst nach seiner Rückkehr von München, wohin er sogleich dienstlich abreisen mußte, am 6. Juli bei der Polizei ab. X. sendet ihm hierauf als Finderlohn zwei Fünfmarkscheine. Y. fragt, ob er damit zufrieden sein muß oder ob er die Annahme ablehnen soll. Ist es insbesondere von Belang, daß X. inzwischen in der Zeitung versprochen hat, demjenigen, welcher ihm die Brieftasche wiederbringen werde, den gesetzlichen Finderlohn zu zahlen?

[1] Vgl. Entsch. des Obertribunales Bd. 14 Nr. 9 S. 222.

281. (166.) Die verwitwete Gräfin X. stirbt am 11. November 1876 am Herzschlage. Ihre Kammerzofe entwendet einen im X.'schen Schlosse befindlichen silbernen Becher, der mit dem Familienwappen verziert war. Sie verkauft ihn an den Trödler Y. für 60 Mark, der ihn für 300 Mark an einen Kunsthändler weiterveräußert, von dem er schließlich für 600 Mark dem Königl. Museum in B. erworben wird. Der Erbe der X., der Legationsrat Graf Z., hatte von der Existenz des Bechers keine Kenntnis, bis er ihm im Jahre 1886 im Museum durch das eingravierte X.'sche Wappen auffällt. Allein erst im Januar des folgenden Jahres erfährt er, daß der Becher seiner Erblasserin gehörte, dadurch, daß die Zofe, welche ihn an sich genommen hatte, dies auf dem Sterbebette beichtete, indem sie an ihn die Bitte richtete, ihr diese Sünde zu verzeihen. Er fragt, ob er den Becher noch erlangen kann, insbesondere ob es ihm nicht zu gute kommt, daß er während der Verjährungszeit ein Jahr lang (1880—81) in einem außerordentlichen diplomatischen Auftrage sich in Rom aufgehalten hat.

282. Der Gutsinspektor X. pachtet von seinem Herrn, dem in Potsdam stehenden Rittmeister Y., einen Obstgarten zur eigenen Nutzung. Durch denselben geht von dem Hause des Tagelöhners Z. ein Fußpfad, der auf eine Wiese des Y.'schen Gutes, welche nicht mitverpachtet war, und über diese hinweg auf die Chaussee führt. Z. hat diesen Pfad, seit X. auf dem Gute Inspektor ist, elf Jahre hindurch ungestört benutzt, ohne daß Y., der nur selten auf seinem Gute verweilte, davon Kenntnis erhielt. Später teilt die Kuhmagd V. dem X. mit, daß vor der Anwesenheit des X. der Pfad von Z. niemals benutzt worden ist. Da sich dies bei weiteren Nachforschungen bestätigt, so soll gegen Z. geklagt werden, doch fragt X. vorher bei uns durch einen Bekannten an, ob er die Einrede der Verjährung befürchten muß. Es soll hierbei auch die Möglichkeit erwogen werden, daß zwischen der Behausung des Z. und der Chaussee zunächst die Wiese und erst dahinter der Obstgarten liegt, da die anfragende Mittelsperson über diesen Punkt nicht ganz bestimmt Auskunft zu geben vermag.

283. Der Kommerzienrat X. hinterläßt bei seinem 1857 erfolgten Tode zwei Töchter: die großjährige Frau Kommissionsrat Y. und die fünfzehnjährige Anna X., deren Vormund Y. ist. Seine vorverstorbene Frau hatte einen kostbaren Schmuck besessen, welcher nach ihrem Tode sowie nach demjenigen des Vaters von der Frau Y. bei festlichen Gelegenheiten getragen wurde. Die jüngere Schwester heiratete 1868 den Fabrikanten Z. Im Jahre 1887 verfeindeten sich die beiden Schwestern bei der Regulierung der Erbschaft eines Onkels. Die jüngere fragt nunmehr bei uns an, ob sie gegen ihren Schwager Y. auf Herausgabe zweier zu dem erwähnten Schmucke gehörenden Brillantohrringe klagen kann. Ihre Schwester habe ihr dieselben noch bei Lebzeiten des Vaters zu ihrem 14 jährigen Geburtstage geschenkt. Sie habe dieselben nur darum vor ihrer Verheiratung nicht getragen, weil die Vorsteherin des Pensionates, in dem sie erzogen war, dies für nicht passend erklärt habe. Nach ihrer Verheiratung habe sie jedoch die Ohrringe lediglich deshalb nicht abgefordert, weil ihre Fassung damals unmodern gewesen und erst seitdem wieder in Mode gekommen sei.

284. Im Jahre 1887 werden die Erben des im November 1856 verstorbenen Postmeisters X. wegen eines Darlehns von 36 Thalern = 108 Mark verklagt, welches diesem laut Schuldschein vom 3. Juli 1851 gegeben worden war. Sie halten es für wahrscheinlich, daß die Schuld längst getilgt ist, und berufen sich auf Verjährung. Dagegen wird hervorgehoben, daß der eine der fünf Erben in den Jahren 1855—1862 bei einer Geschäftsreise nach Pernambuco völlig verschollen war, so daß die Erbschaft seines Vaters erst im Jahre 1863 getheilt werden konnte. Ist dies von Bedeutung?

285. (167.) Der Studiosus X. kaufte im Y.'schen Kaufladen am 11. November 1884 ein Trinkhorn, um es zu dem Stiftungsfeste seiner Verbindung dieser zu dedizieren und ließ es sich zusenden. Über den Kaufpreis wurde nichts verabredet. Im Jahre 1887 will Y. gegen ihn klagen. Er befragt uns, ob er dies noch kann und mit welchem Erfolge?

286. Der frühere Bürgermeister Z. hat seiner Stadtgemeinde am 1. Juli 1850 ein Darlehn von 10 000 Mark zu 5 % Zinsen mit der Abrede vorheriger sechsmonatlicher Kündigung vorgestreckt. Die Zinsen sind niemals gezahlt worden. Kann er in der zweiten Hälfte des Jahres 1880 noch klagen, ohne die Einrede der Verjährung zu befürchten?

287. Am 1. Juli 1887 wird das fünfzigjährige Doktorjubiläum des Polizeipräsidenten a. D. Dr. X. in gebührender Weise gefeiert. Bei dem Nachtische begeht ein Jugendfreund des X., der Lustspieldichter Y., die Taktlosigkeit, zum Gegenstande eines humoristischen Toastes einen vor 54 Jahren geschehenen Vorfall zu erwählen, dessen Bekanntmachung der Würde des Festes in keiner Weise angemessen war. Nach einem Antrittskommerse des Sommersemesters 1833 war nämlich der gegenwärtige Jubilar durch den ihm vorher gänzlich ungewohnt gewesenen Genuß geistiger Getränke in einen Zustand unerfreulicher

Willensschwäche geraten, so daß er auf dem Heimwege, angestiftet durch einen Kommilitonen, dessen Verbindung den Schuhmachermeister Z. in Verruf erklärt hatte, einen Stein in das Ladenfenster des Z. schleuderte. Da X. notgedrungenerweise zu dem unangenehmen Scherze des Y. gute Miene hatte machen müssen, so steigerte Y. sein unpassendes Benehmen noch dadurch, daß er eine Abschrift seines Toastes dem B.'schen Tageblatte übersandte, welches in seinen Artikeln mehr auf das Neuigkeitsbedürfnis seiner Leser als auf die Schonung der von ihm erwähnten Personen Gewicht zu legen pflegt. Der Mitredakteur dieses Blattes, Dr. juris C., ein wegen seines Scharfsinnes beinahe berüchtigter Jurist, warnt vor Aufnahme des Artikels. Die Redaktion werde sich dadurch regreßpflichtig machen; denn die Schuld des X. sei noch nicht verjährt, der einzige Erbe des Beschädigten Z. sei aber der bekannte Agitator Z., den X. auf Grund des Sozialistengesetzes vor einigen Jahren ausgewiesen habe. Diesem sei zuzutrauen, daß er noch jetzt Klage erheben werde, sobald er von seinem Anspruche aus der Zeitung Kenntnis erhalte. Sind diese Ausführungen richtig?

288. (168.) Der Teppichhändler X. entdeckt, daß der Kommis Y. aus der Kasse 10 000 Mark entwendet und durch Spekulation auf der Börse verloren hat. Durch das Bitten der Mutter des Y., einer ehrlichen Lehrerswitwe, bewegt, erklärt X. dem Y., dessen Unrecht nicht verfolgen zu wollen und ihm zu verzeihen in der Voraussetzung, daß er, Y., weiterhin seine Pflicht thun werde. Nach etwa 3 Jahren zeigt sich Y. gegen X. nachlässig und ungehorsam, so daß X. ihn entläßt. Y. rächt sich dadurch, daß er durch agitatorische Reden in Wahlversammlungen den X. als Angehörigen einer von ihm angefeindeten Gesellschaftsklasse mit Schmähungen überhäuft. Hierauf beerbt Y. einen reichen entfernten Verwandten, und der einzige Sohn und Erbe des inzwischen verstorbenen X., der praktische Arzt X., fragt uns, ob er den Schulderlaß seines Vaters wegen Undankes widerrufen und ob er weiterhin 500 Mark von Y. erlangen kann, welche dieser, wie sich jetzt herausgestellt hat, seinem Vater bereits vor 5 Jahren unterschlagen hatte.

289.[1] Der Bankier X. besitzt ein Wechselaccept des zahlungsunfähigen Restaurateurs Y., das am 1. Oktober 1883 fällig war und in seinen Augen für wertlos gilt. Er schenkt es schließlich am 1. Juli 1886 seinem Bureaudiener Z. auf dessen Wunsch, Dieser klagt es am 7. November 1886 ein. Y. beruft sich auf Verjährung, wogegen Z. einwendet, daß Y. den X. wegen des Acceptes am 15. Juli 1886 brieflich um Ausstand gebeten hat. Schließlich behauptet der Anwalt des Y. auch noch, daß die Übertragung der Wechselforderung auf Z. aus mehreren Gründen ungültig ist. Wie ist diese Behauptung zu deuten?

290. (169. 170.) Der Violinist X. hat vom Schneider Y. im Jahre 1883 einen schwarzen Anzug für 65 Mark und einen Überzieher für 50 Mark geliefert erhalten, jedoch beides nicht bezahlt. Im Jahre 1884 klagte Y. vorläufig nur die 50 Mark für den Überzieher ein, da, wie es in der Klage hieß, „Verklagter sich in bedrängten Vermögensverhältnissen befinde". Damals blieben beide Teile im Termine aus und die Sache wurde beiseite gelegt. X. starb bald darauf und wurde von seinen beiden Brüdern, dem Bäckermeister August X. und dem Postsekretär

[1] Vgl. Striethorst's Archiv Bd. 4 Nr. 18 S. 80, Entsch. des Obertribunales Bd. 21 Nr. 23 S. 192 ff.

Karl X., beerbt. Gegen diese klagt Y. aufs neue, und zwar gegen jeden auf $57\frac{1}{2}$ Mark. Dem August X. wird die Klage am 31. Dezember 1886 und dem B. am 3. Januar 1887 zugestellt. Beide erheben den Einwand der Verjährung. Der Anwalt des Klägers hebt noch hervor, daß der verstorbene Erblasser der Verklagten in dem gelieferten schwarzen Anzuge öffentlich aufzutreten pflegte. Wie ist zu entscheiden?

290a. X. hat sich zu Weihnachten des Jahres 1884 30 Flaschen Markgräfler zu 1 Mark 50 Pfg. bestellt. Im Jahre 1887 wird er von dem Küfer Y., als dem Vormunde der unmündigen Erben des Weinhändlers Z., in deren Namen der Wein verkauft worden war, verklagt. Er bemerkt, daß der Wein geliefert und getrunken, auch noch nicht bezahlt ist. Da er jedoch in schlechten Vermögensverhältnissen lebe, so halte er es für unanständig, daß man ihn verklage und erhebe deshalb den Einwand der Verjährung. Kommt es darauf an, ob X. Rentier oder Gastwirt ist?

291. Bei einem Wettrennen im Juli 1887 stürzt der Rittmeister X. mit seinem Pferde und bricht sich das Genick. Ihn beerbt sein Vetter, der Landrat Y. aus B. Diesem wird eine Gasthofsrechnung vom hiesigen weißen Lamm in Höhe von 21 Mark für ein Kouvert, eine Flasche Rotwein und eine Flasche Champagner vorgelegt. Dieselbe bezieht sich auf die Teilnahme des Verstorbenen an einem Festdiner vom 1. September 1885. Dem Y. erscheint diese Forderung zweifelhaft, da sie jedoch noch nicht verjährt, andererseits aber sein Kassenbestand durch verschiedene unvorhergesehene Ausgaben augenblicklich erschöpft ist, so verspricht er dem Lammwirte brieflich, ihm die 21 Mark baldigst zu senden. Dieses Versprechen widerruft er jedoch alsbald, da ihm nach seiner Rückkehr nach B. seine Frau daran erinnert, daß X. im Jahre 1885 nach Hannover zur Reitschule kommandiert war, also sicherlich nicht in seinem Garnisonorte an der Sedanfeier teilgenommen hat. Der Lammwirt, dem Y. dies mitteilt, erwidert, er könne nachweisen, daß die Rechnung sich auf das Jahr 1884 beziehe, und von ihm nur falsch datiert worden sei; denn im Jahre 1885 habe ein Festdiner am Sedantage nicht stattgefunden. Jedenfalls sei die Verjährung unterbrochen. Ist dies richtig?

292. Der Musikdirektor X. wollte für den hiesigen Konzertverein für den 29. Dezember 1883 ein Streichquartett, bestehend aus den Personen A., B., C., D., gewinnen. Er sendete deshalb eine Subskriptionsliste in der Stadt herum, auf der die Empfänger aufgefordert wurden, Billets zu drei Mark zu zeichnen. Den Gesamtertrag der Zeichnungen wollte er dann nach Abzug der Unkosten des Saales und der Beleuchtung den Quartettmitgliedern als Honorar anbieten. Es wurden soviel Plätze gezeichnet, daß noch 403 Mark den Künstlern durch einen von X. verfaßten und an A. adressierten, aber an alle vier gerichteten Brief, dem die Subskriptionsliste beilag, angeboten werden konnten. Die Künstler sagten zu, das Konzert fiel aber aus, da am Abende vorher der dazu bestimmte Saal durch Feuersbrunst zerstört wurde. X. hielt sich für berechtigt, den bereits hier eingetroffenen drei Quartettmitgliedern A., B., C. je 100 Mk. 75 Pf. auszuzahlen. (War dies richtig?) Den D. telegraphierte er noch rechtzeitig ab. Am 2. Januar 1884 schrieb er an D., wie sehr er bedauere, daß das Konzert vereitelt sei; er hoffe jedoch ihm nächstens eine andere Gelegenheit zu bieten, sich hierselbst hören zu lassen. Diese Gelegenheit fand sich umsoweniger, als X. bald darauf nach außerhalb verzog. Im Januar 1886 klagte der Konzipient Z. auf Grund einer Urkunde, in welchem ihm D. seine rückständige Honorarforderung von 100 M. 75 Pf. für das ausgefallene Konzert vom 29. Dezember 1883 abtritt, diese Summe wider einen der Unterzeichner der Subskriptionsliste, den Kommerzienrat V., ein. Die Verjährung der Schuld sei durch das Schreiben vom 2. Januar 1884 unterbrochen. Der Anwalt des V. wendet ein, daß X. durch Bezahlung der Mitgläubiger des D. an deren Stelle getreten sei und daher ohne Zustimmung des X. nicht habe geklagt werden können. Auch vermißt er einen Nachweis darüber, wieviel der Kläger für die Forderung gegeben habe. Schließlich könne wohl schwerlich einer der Subskribenten für alle übrigen haften. Wie ist zu entscheiden?

293. (171. 172.) Der Bildhauer X. kaufte sich am 7. Juni 1883 von dem Tabakshändler Y. Cigarren für 30 Mark nach Probe. Der Kaufpreis wurde ihm bis zum Oktober kreditiert. Für denselben verpfändet er dem Y. vier Paar silberne Messer und Gabeln mit der Abrede, daß dieses Pfand auf keinen Fall veräußert werden sollte, damit nicht ein Dutzend, zu dem sie gehörten, zerstört werde. Nachdem Y. den X. vier- bis fünfmal vergeblich gemahnt hatte, klagt er auf Zahlung und auf Zulassung des Verkaufes des Pfandes. Der Verklagte wendet ein, daß er bei der Lieferung der Cigarren betrogen sei; dieselben seien nicht probemäßig; denn sie hätten keine ordentliche Luft. Hierauf wird erwidert, daß die Einrede des Betruges verjährt sei. Ferner erhebt der Verklagte gegen jeden Verkauf des Pfandes Widerspruch unter Hinweis auf die gepflogene Abrede. Der klägerische Anwalt erwidert hierauf, diese Ausschließung könne umsoweniger als rechtsverbindlich gelten, als sonst der Kläger niemals würde zu seinem Gelde kommen können. Wie ist zu entscheiden?

294. (173.) Dem Grafen X. werden bei einer Feuersbrunst im Jahre 1856 zwei kostbare türkische Gewehre gestohlen, die an ihren eingelegten Schäften leicht erkennbar waren. Erst im Jahre 1887 werden sie von einem Freunde des Grafen in dem Laden des Trödlers Y. entdeckt. Dieser hatte sie von dem Dienstmanne Z., welcher bei dem Brande anscheinend aus Menschenliebe Rettungsversuche angestellt hatte, kurz nachher erworben. Da in den Zeitungen von jenem Diebstahle vielfach die Rede gewesen war, so hofft der Anwalt des X. hierdurch den Gerichtshof von der unredlichen Gesinnung des Y. zu überzeugen und stellt wider ihn eine Klage auf Herausgabe der Gewehre an. Im Termine erklärt der Rechtsanwalt des Verklagten, der letztere habe vor einigen Tagen die Gewehre an den Kellner V. veräußert, welcher nunmehr in den Prozeß eintrete. Hierauf macht er auf Grund einer von V. ausgestellten Vollmacht in dessen Namen die Einrede der Ersitzung geltend. Ist dies zulässig?

295. (174.) Die Opernsängerin X. verlor am 22. März 1869 bei der Rückfahrt von einer Festvorstellung, an welcher sie mitgewirkt hatte, in der Droschke ein wertvolles Perlenhalsband und konnte es nicht wiedererlangen, zumal sie es vermied, den Verlust öffentlich bekannt zu machen, um sich nicht der Schadenfreude ihrer Nebenbuhlerinnen auszusetzen. Das Halsband wurde von dem Kutscher der erwähnten Droschke in dem Juwelierladen der Gebrüder Y. dem älteren der beiden Geschäftsinhaber für 100 Mark verkauft. Dieser behauptete, um seinen Bruder zu hintergehen, daß er es von Frl. X. selbst für 2000 Mark erworben habe, daß jedoch die Verkäuferin das Geschäft diskret zu behandeln bitte. Bald darauf stirbt der ältere Y. und wird von seinem Bruder beerbt. Da der Schmuck außer Mode kam, so blieb er bis zum Februar 1881 unverkauft. Um diese Zeit geriet der jüngere Y. in große Geldverlegenheit, und da er wußte, daß das Frl. X. durch ihre Verheiratung mit dem Fürsten Z. in glänzende Vermögensverhältnisse gekommen war, so wandte er sich an sie mit der Bitte, ihm den Schmuck abzukaufen. Die Fürstin Z. behielt jedoch das ihr in diesem Sinne übersandte Armband als ihr früher verlorenes Eigentum zurück. Y. fragt, ob er nicht wegen Besitzstörung oder doch auf Grund eines Erwerbes durch Verjährung klagen kann.

296. (175—180.) Der in Hannover in Garnison stehende Rittmeister X. bringt den Herbsturlaub gewöhnlich auf seinem Gute B. zu. Zu diesem gehörten früher ein Wald und zwei Morgen Ackerland, welche jedoch von dem bald nachher verstorbenen Vater des X. an den Gutsnachbar, den Baron Y., verkauft waren. In dem Vertrage war dem Verkäufer und seinem Sohne für ihre Lebenszeit ein Jagdrecht innerhalb des veräußerten Waldes vorbehalten. Seit elf Jahren übte jedoch der Sohn dieses Recht auch auf dem erwähnten Ackerlande ungestört aus, was sich daraus erklärte, daß während der Anwesenheit des X. auf seinem Gute Y. in St. Moritz im Engadin zu verweilen pflegte und sowohl des X. selbst als auch die Leute des Y. den Inhalt des Vertrages nicht genau kannten. Erst im Jahre 1887 entdeckt Y. den angegebenen Sachverhalt, der ihm um so unerfreulicher ist, als das erwähnte Ackerland an sein Schloß anstößt und X. sich wider seinen Willen um die Hand seiner Tochter bemüht. X. beruft sich darauf, daß er in gutem Glauben gehandelt und das Jagdrecht durch Verjährung erworben habe. Der Rechtsanwalt des Y. ist jedoch der Meinung, daß der Besitz des X. ein heimlicher war und daß auch die Verjährungszeit noch nicht abgelaufen ist. Ist dies richtig?

297. Der Russe X., als Geschäftsreisender für eine Kaviarhandlung hier anwesend, sieht im Laden des Trödlers Y. das Bild seines Vaters. Er erfährt von Y., daß dieses Bild vor etwa 32 Jahren von dem seit 12 Jahren verstorbenen Vater des Trödlers Y. im Krimkriege, welchen der alte Y. als englischer Freiwilliger mitgemacht hatte, als widerrechtliche Beute mitgenommen worden war. Kann er es dem Y. ohne Entgelt abverlangen, wenn er der einzige Erbe seines Vaters ist?

298. Die Stadt hatte sich 1840 ein neues Rathaus erbaut und das alte zum Abbruche an den Maurermeister X. verkauft. Dieser war kurz vorher gerichtlich für einen Verschwender erklärt worden und schloß den Vertrag ohne Mitwirkung seines Vormundes (Kurators) ab. Der Abbruch unterbleibt, da X. bald darauf stirbt und seine Erben das Haus bewohnen. Im Jahre 1883 will der Magistrat es wieder ankaufen, um darin eine Volksschule anzulegen. 'Da nun die Erben des Maurermeisters einen unbescheidenen Preis verlangen, so befragt uns der Bürgermeister der Stadt, ob diese nicht vielleicht das Haus durch Anfechtung des früheren Verkaufes für den damals festgesetzten Preis wiedererlangen kann.

299. Seit vielen hundert Jahren ruht auf dem Rittergute B. die Last, die A.'sche Dorfkirche zu erhalten. Diese ist auf Kosten der Gutsherren in den Jahren 1780, 1804 und 1830 repariert worden, das letzte Mal in so vortrefflicher Weise, daß sie erst 1882 wieder baufällig wird. Der jetzige Besitzer des Rittergutes, der frühere Brauereibesitzer X., fragt an, ob die Kirchenbaulast nicht inzwischen verjährt ist.

300. Der Rentier X. kauft von dem Kunsthändler Y. ein Ölgemälde von Franz Hals. Y. hatte es seinerseits vom Magistrate der Stadt Brieg in Schlesien erworben, welche es mit der übrigen Erbschaft des dort verstorbenen Freiherrn v. Z. als herrenloses Gut an sich genommen hatte. Nunmehr verlangt der Fiskus klagend das Bild, weil ihm das Recht auf herrenlose Nachlaßmassen zustehe, auch der inzwischen in Konkurs gefallene Y. mit Steuern im Rückstande sei. Der Anwalt des X. beruft sich nach eingezogenen Erkundigungen darauf, daß in Brieg seit alter Zeit seitens der Stadt Nachlaßmassen in Besitz genommen worden sind, zuletzt in den Jahren 1734 und 1745. Ist diese Behauptung von rechtlicher Wichtigkeit?

Druck von Metzger & Wittig in Leipzig.

FSC
www.fsc.org
MIX
Papier | Fördert
gute Waldnutzung
FSC® C083411

Kolibri 360 GmbH
Ferdinand-Jühlke-Straße 7
99095 Erfurt, Deutschland
produktsicherheit@kolibri360.de